VAS A DIRIGIR

CÓMO LIDERAR EQUIPOS
Y VENTAS CON ÉXITO

FELIPE PÉREZ DE MADRID

KOLIMA BOOKS

Título original: *Vas a dirigir.*
               Cómo liderar equipos y ventas con éxito

Primera edición: Febrero 2026
© 2026 Editorial Kolima, Madrid
www.editorialkolima.com

Autor: Felipe Pérez de Madrid
Dirección editorial: Marta Prieto Asirón
Cubierta: David Visea
Maquetación: Carolina Hernández Alarcón

ISBN: 979-13-88155-00-0
Depósito legal: M-3973-2026
Impreso en España

A todas las personas que saben lo que es el cáncer y luchan o ayudan a otros a luchar.

ÍNDICE

PRÓLOGO

Cuando Felipe, amigo y compañero en Alberta Norweg, me pidió que prologara este libro le dije: «Por supuesto, el lunes lo tienes». No concreté qué lunes... y aquí estamos. Perdona, Felipe: en esta casa, como buenos arquitectos, medimos dos veces antes de construir, y confieso que he medido tres o cuatro, porque lo que tienes entre manos lo merece.

Este es un libro escrito desde la trinchera y con buena luz. Felipe conoce la calle y domina el método; ha acompañado a equipos, ha vendido, ha fallado y ha vuelto a intentarlo –que es como de verdad se aprende a dirigir–. En estas páginas no hay fórmulas mágicas ni humo enlatado: hay principios claros, práctica sincera y una invitación a ponerte en marcha hoy, no mañana. Y eso en un oficio tan humano como liderar equipos y ventas vale oro.

En Alberta Norweg solemos decir que liderar es servir. Que el resultado llega cuando primero cuidas a las personas, escuchas al cliente y trabajas con transparencia, creatividad y compromiso. Este libro respira esos valores. Verás mucho de «hazlo fácil», «planifica en serio» y «enseña con el ejemplo», y poco de discursos vacíos. Se nota la mano de quien ha tenido que cuadrar agendas, abrir cuentas, levantar el ánimo del lunes, y aun así sacar adelante el trimestre.

Me gustan especialmente tres cosas de este trabajo de Felipe. La primera: su obsesión por lo importante. Planificar, organizar y medir no son palabras bonitas; son hábitos que cambian negocios y carreras. La segunda: la pedagogía. Aquí se explica el «qué», pero sobre todo el «cómo» y el «para qué» con una claridad que invita a probar. La tercera: el tono. Cercano, práctico y con ese humor que hace llevaderas las lecciones serias –sí, también las de las veces en que no salió a la primera.

¿Para quién es este libro? Para quien lleva un equipo y quiere hacerlo mejor; para quien aspira a liderar sin perder la sonrisa; para quien vende, dirige, o ambas cosas a la vez –que suele ser lo habitual–. Si subrayas, doblas esquinas y te permites parar cinco minutos después de cada capítulo para decidir «qué haré distinto mañana» notarás resultados antes de que llegue ese lunes que siempre prometemos.

Felipe, gracias por escribirlo –aunque me hayas hecho quedar mal con la agenda–. Y gracias por recordarnos que la dirección comercial no va de poses ni galones, sino de propósito –motivo–, método y constancia.

A quienes abrís ahora estas páginas, aprovechadlas. Llevadlas a una reunión real, una visita difícil, una conversación pendiente. Los equipos lo notan, los clientes también, y uno mismo más.

Cierro con una idea sencilla que este libro repite sin estridencias: liderar es una decisión diaria. Se entrena. Se contagia. Y cuando se practica con valores, los números suelen acompañar.

Nos vemos en la trinchera, con planificación, datos y buen humor.

SANTIAGO DE TARANCO
CEO de Alberta Norweg

INTRODUCCIÓN

Dirigir implica asumir decisiones importantes, momentos de incertidumbre y responsabilidad sobre las personas que forman parte de tu equipo. También es una de las labores más gratificantes que existen. Cuando lideras bien, no solo consigues resultados; también transformas vidas: las de tus clientes, tus colaboradores, y por supuesto la tuya.

He dirigido equipos comerciales durante 30 años y los últimos 20 los he compaginado con la formación de equipos comerciales y sus directivos, y sigo creciendo cada día con esta interacción. Es lo que más me llena de este trabajo.

En este libro no encontrarás fórmulas mágicas ni recetas milagrosas. La suerte no existe, aunque puedes construir la tuya. Lo que descubrirás son principios atemporales de liderazgo y dirección comercial respaldados por la experiencia, la ciencia y las prácticas de los mejores líderes del mundo. Desde Daniel Goleman y Peter Drucker, hasta los aprendizajes de mi experiencia –que comparto en las webs vasavender.com, formacioncomercial.es y filosofiacomercial.com–, este libro está diseñado para convertirte en un líder excepcional, si tú quieres.

La dirección comercial y el liderazgo no solo consisten en alcanzar metas y liderar equipos. Se trata de construir relaciones humanas sólidas, fomentar el crecimiento personal y mantener la motivación, tanto la tuya como la de quienes te rodean. Al terminar este manual estarás listo para afrontar los desafíos del liderazgo con una nueva perspectiva y herramientas prácticas que te acompañarán toda la vida.

Este texto es para:

- Directores comerciales en busca de herramientas prácticas y motivación diaria.
- Aspirantes a líderes que desean crecer profesionalmente y preparar el terreno para el éxito.
- Personas que dirigen equipos y quieren crear un impacto positivo, además de resultados.

Si alguna vez te has preguntado cómo liderar de manera inspiradora y efectiva, este libro es para ti.

Empezamos con cuatro charlas:

1. Ponencia sobre «Liderazgo con impacto positivo» en este caso para Leroy Merlin el 12 de enero de 2023 en Benidorm. Damos herramientas y ejemplos y la metodología líder coach que te convierte en entrenador de tu equipo.

2. Ponencia «Una hora para vender con éxito» Hub Sabadell febrero 2024. Hablamos de metodología comercial DISC BANT y venta consultiva SPIN.

3. Ponencia «Vender, negro sobre blanco» Hub Sabadell octubre de 2024. Hablamos de los básicos imprescindibles en ventas.

4. «De Sócrates al cierre de ventas» 18/9/25. Hablamos de filosofía y de ventas con nuestro invitado «Filóstenes».

VALORES

L os valores son el corazón de un buen liderazgo. Antes de dirigir a otros necesitas saber qué te mueve a ti, qué consideras importante y qué principios guían tu vida y tus decisiones. Sin una escala de valores clara, tu liderazgo será inconsistente, y eso será evidente para tu equipo.

El poder de los valores en el liderazgo

Daniel Goleman dice que la inteligencia emocional comienza con la autoconciencia, y tus valores son el primer paso para conocerte a ti mismo. Pregúntate:

- ¿Qué es lo más importante para mí como líder?
- ¿Qué quiero transmitir a mi equipo?
- ¿Cómo quiero ser recordado?

....

Los grandes líderes son coherentes con sus valores.

....

Si valoras la honestidad, asegúrate de que cada acción y palabra refleje ese principio. Si tu prioridad es la excelencia, establece estándares claros y apóyalos con tu ejemplo.

Los valores y la cultura del equipo

Tus valores personales son el punto de partida, pero como líder también necesitas construir una cultura basada en valores compartidos. Una cultura fuerte atrae a los mejores talentos, genera confianza y asegura la sostenibilidad de los resultados a largo plazo.

Para establecer esta cultura:

1. Comunica tus valores: habla de ellos en reuniones, correos y en tus interacciones diarias.
2. Vívelos tú primero: no puedes exigir puntualidad si llegas tarde a las reuniones. No puedes pedir compromiso si no demuestras interés por el equipo. Nada como el ejemplo.
3. Recompensa el comportamiento alineado con los valores: celebra a quienes actúan en base a ellos y corrige cuando no se respeten.

Valores comerciales

Empiezo este libro de ventas por el principio, por lo más importante, los valores.

....

**Los valores comerciales deben presidir
nuestro comportamiento si queremos hacer
algo en ventas.**

....

Si no estás conforme dedícate a otra cosa. Si algo notan los clientes es que lo que tienen delante no es «trigo limpio», detectan la manipulación, las medias verdades o la mirada cuando no es franca.

Manuel trabajó en una empresa durante unos años, le fue bien y desarrollaba labores comerciales, aunque no de forma exclusiva. La empresa, como suele pasar tarde o temprano, prescindió de él y se encontraba desesperado, con familia y un futuro muy incierto.

Tras intentar entrar en otras compañías –la edad ya empezaba a ser un freno–, y hacer algunas entrevistas, no encontró ninguna oportunidad y supo que en España no se valora el talento senior, aunque sea una discriminación tolerada y encubierta.

Encontró una opción a la que aferrarse. A través de un conocido entró en una compañía de seguros que le proporcionaba formación inicial, un salario de miseria y la posibilidad de ganar comisiones si conseguía una buena producción. Entró, se formó y empezó a vender. Al principio no lo hacía a familiares y amigos, para ver si era capaz, y después amplió su actividad a su círculo de conocidos.

La cosa empezaba a despuntar con mucho esfuerzo y ganándose cada euro con muchísimo trabajo. Su supervisor, que conoce las trampas del sector y al que no le sobran valores, le dijo: «Manuel, si además de lo que vendes colocamos un par de productos de riesgo, aunque lo paguemos nosotros, nos duplican la comisión y da para pagar las primas y aún llevarnos un dinero. Yo lo llevo haciendo así unos años y funciona. ¿Qué te parece?».

Manuel tiró de conocidos con el argumento de que tenía un producto exclusivo, que solo podía ofrecer a personas de confianza y que era sin coste el primer año y luego el cliente podía darse de baja. Ya pensaba que con lo que iba a ganar extra sus hijos no pasarían penurias esas vacaciones y además sus resultados de ventas mejorarían. Como se lo proponía un supervisor estimó que sería correcto o la costumbre, aunque algo no acababa de encajarle del todo.

Ya estaba muy cerca del objetivo del mes y llamó a Paco, un conocido de su anterior etapa con el que no tenía mucha confianza pero con el que existía reconocimiento y respeto profesional. Quedaron en una cafetería y acudió con su mujer, a la que le ofrecieron el producto, un seguro de accidentes, que también contrató ella, y además les vendió uno de ahorro:

—Te hacemos un ingreso por la prima y tú la pagas, y al año te das de baja.

—¿Y por qué no lo hacéis sin cargo y ya está?

—Funciona así; solo nos dejan hacerlo a gente conocida y a muy pocos, está muy bien.

Cuando Paco leyó la letra pequeña vio que lo que cubría el seguro era ínfimo y que para cobrar algo tenía que morir cayéndose del campanario de una iglesia, de un pueblo con nombre que empiece por vocal y en jueves, una necedad. De hecho no cubría el accidente de moto, y Paco suele ir en moto.

—Oye, Manuel, que el seguro no cubre lo de mi moto, y además la transferencia me lo ha hecho una persona y no la empresa de seguros y me parece raro...

—Sí, es mi supervisor el que la hace como delegado de zona; veré si el seguro puede cubrir lo de la moto...

»Oye que no, que no hay posibilidad de ampliarlo.

—Pues no lo quiero. Me quedo con el otro que te he contratado pero este no me sirve.

A partir de aquí empezaron los problemas: «Que ya está en producción», «que me van a quitar la producción», «que si no lo vendo no me llega la nómina»... Drama y cliente confiado que se encuentra con un marrón inesperado, que le duele que ese pobre hombre no cobre, que piensa que el supervisor es un estafador sin valores y que no sabe qué narices hacer.

Hubo una llamada al supervisor calificándolos de estafadores para arriba y que estaban engañando a los clientes, a la compañía y a los vendedores. «Si no le quieres hacer este favor a Manuel»... Extorsión y chantaje emocional. «Perdona, yo no tengo que hacer favores; soy un cliente engañado». «¿Y si digo en tu empresa lo que estáis haciendo?». «Nos tiran a los dos...». «Es lo que os merecéis». Al supervisor se le notaba mucho en esa conversación que no era la primera que tenía y aguantaba el chaparrón con los consabidos «tienes toda la razón, pero ahora hay un problema», y trasladaba al cliente la responsabilidad en la desgracia de Manuel, que ese mes no cobraría su nómina.

La cosa terminó con el cliente contratando los seguros para no perjudicar a Manuel, pero imaginad su posición en ese embrollo, la imagen de la compañía de seguros y la vergüenza ajena que produce. A estas alturas creo que sabes quién fue el cliente.

De ahí la importancia de los valores comerciales; muchas veces el cliente no sabe qué elegir y necesita confiar en el profesional que tiene delante. Las personas que no respetan a los clientes, a los empleados, y que no tienen valores, puede que triunfen una temporada en ventas, pero ahí quedará la cosa.

El cliente no perdona la mentira o la ausencia de valores, y esta es la libertad última que como clientes tenemos.

Como dice Zig Ziglar, esta es una profesión de caballeros, y añado de damas. Si no eres honesto y hasta elegante, tienes vocación de servir y atender, por favor, dedícate a otra cosa, ya que no añadirás nada mejor a los demás ni a ti mismo, *cucumis melo* (melón).

Hablamos de tareas importantes para dirigir...

PLANIFICACIÓN

La planificación es el principio de todo liderazgo. Como director, tu trabajo no es solo reaccionar a los problemas del día a día, sino prever, organizar y establecer un camino claro para tu equipo.

Una buena planificación no garantiza el éxito, pero la ausencia de la misma casi siempre conduce al fracaso.

La planificación como ventaja competitiva

Brian Tracy, uno de los mayores expertos en productividad y ventas, dice: «Cada minuto invertido en planificación ahorra diez minutos en ejecución». Esto no es solo una cuestión de eficiencia; es una forma de mantener el enfoque en lo importante, evitar errores y estar siempre un paso adelante.

En un mundo donde los cambios son constantes, planificar te da una ventaja competitiva. No solo reaccionas a las circunstancias, sino que las anticipas.

Las claves de una buena planificación

1. Establece metas claras. Todo comienza con el «qué». ¿Qué quieres lograr? Define objetivos específicos, medibles, alcanzables, relevantes y con un tiempo límite

–SMART–. Ejemplo: «Aumentar las ventas un 15 % durante el próximo trimestre en la región norte».

2. Divide en pasos pequeños. Grandes metas pueden ser abrumadoras. Divide el objetivo en tareas diarias o semanales que sean alcanzables. Esto no solo facilita el trabajo, sino que mantiene la motivación alta al ver resultados constantes. Usa la táctica del salami: córtalo en rodajas.

3. Asigna responsabilidades. Un plan sin responsables es solo una lista de deseos. Asegúrate de que cada tarea tenga un dueño. Esto fomenta el compromiso y asegura que nadie pase por alto su parte.

4. Usa herramientas. No necesitas hacerlo todo a mano. Herramientas como los CRMs, calendarios compartidos y un *software* de gestión de proyectos pueden simplificar enormemente el proceso.

5. Sé flexible. La planificación no es rígida; es un marco que debe adaptarse a nuevas circunstancias. Ajusta tu plan sin perder de vista el objetivo principal.

Planificación a corto, medio y largo plazo

Como líder, necesitas operar en tres niveles:
- Corto plazo: acciones del día a día. Por ejemplo, organizar la agenda semanal, supervisar el cumplimiento de objetivos diarios de llamadas, visitas, propuestas.
- Medio plazo: resultados mensuales o trimestrales. Planifica campañas, lanzamientos o estrategias de ventas.

- Largo plazo: la visión estratégica de la empresa. Esto incluye presupuestos anuales, metas de expansión o formación del equipo.

CASO PRÁCTICO. LA PLANIFICACIÓN EN ACCIÓN

Imagina que estás a cargo de un equipo que vende servicios de consultoría. Tu objetivo es aumentar las ventas un 20 % en el próximo semestre.

1. Corto plazo: reuniones semanales para revisar el progreso de cada vendedor y ajustar estrategias.
2. Medio plazo: establecer una campaña promocional que impulse las ventas durante el tercer mes.
3. Largo plazo: invertir en formación para el equipo en técnicas avanzadas de ventas como las de vasavender.

Con esta planificación, no solo tendrás un objetivo claro, sino que sabrás exactamente cómo llegar a él y adaptarte si algo no funciona.

La motivación como parte de la planificación

No se trata solo de organizar tareas. Como líder necesitas incluir la motivación en tus planes. Esto significa:

- Reconocer logros, por pequeños que sean.
- Ofrecer incentivos alineados con los objetivos.
- Comunicar cómo el esfuerzo diario contribuye al éxito global del equipo.
- Casi todos los «líos» vienen por una mala comunicación.
- No perder tu propia motivación y, si lo haces, tirar de disciplina.

Una planificación efectiva es tanto un mapa como un motor para avanzar.

Introducción al análisis DAFO

El análisis DAFO es una técnica de planificación estratégica utilizada para identificar las debilidades, amenazas, fortalezas y oportunidades de una organización. Es un marco que permite a las empresas analizar factores internos y externos que pueden afectar a su viabilidad y éxito. Es una herramienta estratégica y «marketiniana» que te ayudará a conocer tu empresa, y a ti mismo, y a planificar con criterio.

Pasos para realizar un análisis DAFO

1. Preparación: antes de empezar es crucial reunir la información necesaria. Esto incluye datos financieros, estudios de mercado, informes de desempeño y opiniones de *stakeholders* clave como empleados, clientes y proveedores. También es recomendable contar con un equipo diverso que pueda ofrecer diferentes perspectivas sobre la empresa.

2. Identificación de fortalezas: las fortalezas son características internas de la empresa que le dan una ventaja competitiva en el mercado. Pueden incluir:
   • Recursos financieros sólidos.
   • Propiedad intelectual valiosa.
   • Tecnología avanzada.
   • Ubicaciones estratégicas.
   • Personal altamente cualificado.
   • Reputación de marca.

21

Identificar estas fortalezas permite a la empresa entender qué aspectos puede capitalizar para mejorar su posición competitiva.

3. Identificación de debilidades: las debilidades son factores internos que limitan o reducen la capacidad de la empresa para alcanzar sus objetivos. Pueden ser:
   - Recursos financieros limitados.
   - Falta de innovación o tecnología obsoleta.
   - Procesos internos ineficientes.
   - Dependencia de un número limitado de clientes.
   - Escasez de talento crítico.

   Comprender estas debilidades es esencial para desarrollar estrategias que mitiguen su impacto.

4. Exploración de oportunidades: las oportunidades son condiciones externas que la empresa podría explotar para ventaja suya. Ejemplos incluyen:
   - Mercados emergentes.
   - Cambios en regulaciones que favorecen la empresa.
   - Nuevas tecnologías.
   - Tendencias de consumo que promueven productos o servicios de la empresa.
   - Alianzas estratégicas.

   Identificar oportunidades permite a la empresa orientar sus esfuerzos de manera proactiva hacia áreas con alto potencial de crecimiento.

5. Evaluación de amenazas: las amenazas son factores externos que podrían causar problemas para la empresa. Pueden incluir:

- Competencia intensa.
- Cambios adversos en la legislación.
- Crisis económicas, epidemias, desastres naturales, guerras.
- Cambios en las preferencias de los consumidores.

Reconocer y evaluar amenazas es crucial para desarrollar planes de contingencia efectivos.

Integración del análisis DAFO en la estrategia comercial

Una vez identificados todos los elementos del DAFO, el siguiente paso es integrarlos en la planificación estratégica. Este proceso implica:

- Priorizar las fortalezas para maximizar su impacto.
- Desarrollar estrategias que conviertan las debilidades en fortalezas o las minimicen.
- Crear planes de acción para capturar oportunidades.
- Implementar medidas defensivas contra posibles amenazas.

El análisis DAFO es una herramienta interesante para cualquier empresa que busque mejorar su estrategia comercial.

Al proporcionar una visión clara de los factores internos y externos que afectan a la empresa, los líderes pueden tomar decisiones más informadas y estratégicas que promuevan el crecimiento y la estabilidad a largo plazo. La clave está en realizar este análisis de manera regular y adaptar las estrategias según cómo evolucionen las circunstancias del mercado y de la propia empresa.

Una de las primeras preocupaciones a la hora de dirigir un equipo es cómo definir los objetivos y compensar a los colaboradores. Es una de las consultas más frecuentes, porque es un buen comienzo entre la planificación y la organización de la fuerzas de ventas.

Objetivos e incentivos comerciales

¿Qué objetivos le puedo poner a mi equipo de comerciales? ¿Qué debo medir? ¿Qué porcentaje sobre el fijo puede ser un variable motivador?

Podría empezar diciendo que los objetivos comerciales deben ser SMART –específicos, medibles, alcanzables, retribuidos y oportunos en el tiempo– pero eso ya lo sabes, ya que aparece en literatura sobre proyectos, ventas básicas, coaching y hasta en clases de cocina.

Vamos a lo que necesitas.

¿Qué porcentaje es un buen variable?

Depende... Vaya respuesta. Maticemos. Un 30 % para un fijo de 24.000€ parece razonable (7.200€), pero hay que tener en cuenta contra qué consecución de ventas y responsabilidad en cuentas lo vas a pagar.

Si este vendedor tiene que vender 200.000 con un margen del 30 % –60.000€– tendría sentido aparentemente, pero si a eso le añades Seguridad Social, gastos, kilometraje, formación... ya iríamos justos. Son las cosas que a veces no se piensan al contratar a un comercial más.

En esta tabla tienes cómo quedaría:

	feb	mar	abr	may	jun	jul	ago	sep	oct	nov	dic		
ras **10**	10	10	10	10	10	10	10	10	10	10	10		
e **3.000**	3.000	3.000	3.000	3.000	3.000	3.000	3.000	3.000	3.000	3.000	3.000		
tal **30.000**	30.000	30.000	30.000	30.000	30.000	30.000	30.000	30.000	30.000	30.000	30.000		
lio	30.000	30.000	30.000	30.000	30.000	30.000	30.000	30.000	30.000	30.000	30.000		
	30.000	30.000	30.000	30.000	30.000	30.000	30.000		30.000	30.000	30.000	30.000	330.000	Facturación estimada
ción	6.000	6.000	6.000	6.000	6.000	6.000	6.000	-	6.000	6.000	6.000	6.000	66.000	Aportación estimada 20%
													7.200	Variable

Porcentaje de comisión sobre la facturación	10,91%
Fijo	18.000
Total	25.200

ble estimado **7.200**

cución able	ene	feb	mar	abr	may	jun	jul	ago	sep	oct	nov	dic
100%	655	655	655	655	655	655	655	-	655	655	655	655
80%	524	524	524	524	524	524	524	-	524	524	524	524

¿Cuánto cuesta un comercial?

24.000€ de fijo+7.200€ de variable +9.360€ Seguridad Social+8.800€ de gastos son 49.360€. Si añadimos costes de estructura y ventas ya no quedaría mucho para la empresa, o fácilmente estarías perdiendo dinero. O lo tendrías que compensar con el superávit de otros vendedores. ¡Cuidado con esto! Ten en cuenta que a veces tendremos que esperar a que este comercial sea capaz de generar aportaciones de 60.000€ o más, aunque más adelante las generará aún mayores manteniendo su salario fijo y mejorando su rentabilidad. Una cosa por la otra, aunque hay que estar atentos.

Las grandes cuentas y sus cifras

Normalmente, cuanto más alto es el salario fijo, más bajo es en porcentaje el variable. A las empresas a veces les duele el que un comercial gane 60.000€, o que gane más que el director, o que tú, pero puede ser una de sus mejores inversiones. Hay comerciales responsables de grandes carteras de millones de euros que no están compensados en consecuencia, y luego pasa lo que pasa. Si no lo vas a hacer es mejor que recortes esas carteras y repartas la responsabilidad entre varias personas.

Venta recurrente

Si tu venta es recurrente, genera un *fee* mensual de tus clientes o tus márgenes superan por bastante el 20 %, el escenario puede ser mucho mejor.

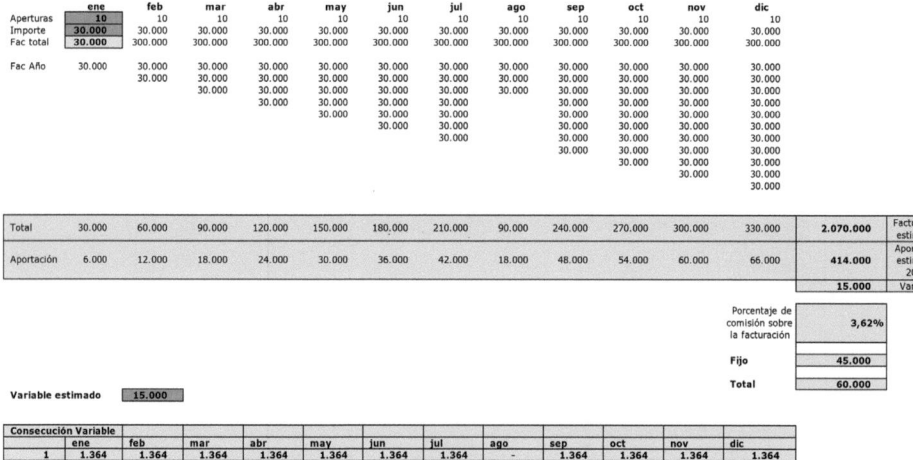

En esta tabla lo tienes expresado: vendiendo lo mismo el resultado supera los 2M de euros y podríamos remunerar mucho mejor a nuestro comercial. Por ello le hemos subido el fijo y duplicado el variable, y me parece poco[1].

---

1   Gracias a Salvador Ochoa Pérez por la indicación de que 3,62 % es porcentaje de margen y no de facturación.

¿Cuándo pagar al comercial?

En las dos tablas, en la parte inferior, tienes un cálculo del variable mensual a pagar. Salvo para salarios muy altos, mi recomendación es el pago mensual, con revisión y ajuste trimestral. También recomiendo un pago al cumplimiento del 80 % que se pueda regularizar al trimestre y permita al comercial pensar en vender, más que en que le cuesta llegar a final de mes.

Bonus, premios y «stretch»

Son una herramienta extra para premiar KPIs que interesa a la estrategia de la empresa, apertura de nuevos clientes, reducción del *churn*, fidelización, venta de determinados productos o servicios. También podemos premiar el sobrecumplimiento al 140 % con el doble de comisiones –*stretch*, tramo–. Seguro que hay margen para ello y hemos ahorrado «medio comercial».

Ojo a lo que decía antes: carteras y trabajo que el comercial, que el vendedor, pueda asumir, y no nos importe que cobre mucho dinero; te aseguro que se lo gana.

Nota: Estas tablas son la herramienta en Excel a la que más partido le he sacado, tanto para mis equipos como para consultoría y formación. Ten en cuenta que las cifras económicas ya tienen algunos años, por lo que si las quieres actualizar te las mando con mucho gusto. Simplemente mándame un e-mail a felipe@vasavender.com indicándolo y te las envío encantado.

ORGANIZACIÓN

Si la planificación es el mapa del liderazgo, la organización es el vehículo que te permite recorrer ese mapa. Como director no basta con tener un plan brillante. Necesitas un equipo que sepa cómo ejecutarlo y un sistema que facilite el trabajo de todos. La organización es el arte de poner en práctica tus ideas de manera estructurada y eficiente.

Organizar es priorizar

Peter Drucker, considerado el padre del *management* moderno, decía: «No hay nada tan inútil como hacer con gran eficiencia algo que no debería haberse hecho en absoluto».

La organización comienza con saber qué es verdaderamente importante.

Tu tiempo y el de tu equipo son recursos limitados. Si quieres ser un líder eficaz, aprende a priorizar. Pregúntate:
- ¿Qué tareas tienen el mayor impacto en los resultados?
- ¿Qué actividades pueden delegarse?
- ¿Qué cosas pueden esperar o incluso eliminarse?

La regla del 80/20, o principio de Pareto, nos recuerda que el 80 % de los resultados provienen del 20 % de las acciones. Identifica ese 20 % y enfócate en él.

Las herramientas de la organización

No necesitas reinventar la rueda para organizarte. Existen herramientas probadas que facilitan el trabajo en equipo:

1. Calendarios compartidos: facilitan la coordinación de agendas y reuniones.
2. CRMs: ideales para gestionar contactos, oportunidades de venta y el progreso del equipo comercial. Muchos son gratuitos.
3. *Software* de gestión de proyectos: herramientas como Trello, Asana o Monday te permiten asignar tareas, establecer prioridades y hacer seguimiento.
4. Sistemas de comunicación interna: plataformas como Slack o Microsoft Teams mantienen al equipo conectado y alineado.

La estructura del equipo

Un equipo bien organizado tiene roles y responsabilidades claras. Nadie debe preguntarse quién hace qué o a quién acudir en caso de dudas. Para lograrlo:

1. Define los roles de cada miembro.
2. Establece canales de comunicación claros.
3. Asegúrate de que todos tengan acceso a las herramientas necesarias para desempeñar su trabajo.

La organización y la motivación

Un equipo organizado no solo trabaja mejor; también está más motivado.

La claridad reduce el estrés y aumenta la satisfacción. Cuando las personas saben lo que se espera de ellas y tienen las herramientas para lograrlo, se sienten más seguras y comprometidas.

Por eso, como líder, parte de tu trabajo es facilitarles las cosas. Haz preguntas como:

- ¿Qué obstáculos enfrentan para realizar su trabajo?
- ¿Hay formas de simplificar procesos o eliminar burocracia innecesaria?
- ¿Cómo puedo apoyarlos mejor?

CASO PRÁCTICO. ORGANIZACIÓN EN ACCIÓN

Imagina que diriges un equipo de ventas regional. Tu objetivo es mejorar la comunicación y reducir el tiempo que el equipo pasa buscando información.

1. Implementas un CRM para centralizar todos los datos de clientes y oportunidades.
2. Estableces reuniones semanales para alinear al equipo.
3. Divides la región en zonas claras para que cada vendedor tenga su área definida.
4. Creas un grupo de chat para resolver dudas urgentes de manera ágil.

El resultado: un equipo más eficiente, menos estrés y más tiempo dedicado a lo que realmente importa: vender.

El rol del líder-coach en la motivación del equipo

En el ámbito comercial, liderar no solo implica gestionar recursos o diseñar estrategias, sino también –y quizás sea lo más importante– motivar a un equipo. La dirección comercial, a menudo vista solo a través de lentes de números y objetivos, tiene una dimensión humana ineludible que determina el éxito o el fracaso de cualquier empresa. La verdadera motivación de un equipo comercial no se basa en presiones externas o meros incentivos económicos, sino en el poder del ejemplo y la integridad del líder. Ser una «buena persona» en este contexto es más que una cualidad deseable; es una herramienta crítica de liderazgo. Liderar es servir, y si no sirves, no sirves...

El poder del ejemplo

El comportamiento de un líder tiene un impacto directo en la moral y la motivación del equipo. Un líder que muestra empatía, integridad y compromiso, no solo establece un estándar ético, sino que también fomenta un ambiente donde estos valores se replican.

....

En la dirección comercial, donde la presión por resultados puede ser intensa, el ejemplo del líder en manejar los desafíos con talento y firmeza es vital.

....

No se trata de no fallar; cómo el líder maneja esos fallos y desafíos es lo que realmente inspira y motiva a su equipo. Creemos que los valores que definen el liderazgo son la visión, el entusiasmo, disciplina y confianza mutua demostrados en las conductas del día a día.

Organización de actividades comerciales

Una meticulosa estructuración de las actividades de la fuerza de ventas es fundamental. Esto incluye la planificación, la organización y el seguimiento de visitas, propuestas y cierres con un reporte y supervisión adecuados. Sin una organización clara es fácil perderse en la rutina diaria y olvidar los objetivos a largo plazo. El seguimiento efectivo, no solo ayuda a mantener el rumbo hacia estos objetivos, sino que también proporciona datos valiosos para mejorar los procesos y las estrategias. Medir el cumplimiento de forma aislada es insuficiente; la verdadera medida del éxito radica en el análisis detallado y el seguimiento constante de las actividades.

Más allá de la medición: el acompañamiento

Criticas por bajo rendimiento y medidas punitivas son estrategias de gestión obsoletas que hacen poco para abordar las raíces de los problemas. La clave está en el acompañamiento: estar presente como un recurso de apoyo y guía para los miembros del equipo. Esta práctica, no solo mejora el desempeño, sino que también demuestra al equipo que la gestión se preocupa por su desarrollo y bienestar. Una sesión de acompañamiento con la metodología líder-coach obra milagros.

Líder-coach, una metodología transformadora

La metodología líder-coach ofrece un enfoque revolucionario para el entrenamiento de equipos comerciales. Consiste en entrenar y desarrollar a cada miembro del equipo de manera individual, reconociendo sus necesidades específicas y ajustando las técnicas de liderazgo para maximizar su potencial. Esta personalización del liderazgo, no solo es más efectiva en términos de resultados, sino que también es profundamente motivadora para los empleados, ya que se sienten valorados y comprendidos en sus roles únicos dentro de la empresa.

La metodología líder-coach se basa en el acompañamiento.

En un primer impacto se le explica a la fuerza comercial el funcionamiento, planificar las fechas para hacer los entrenamientos y hacer visitas en las que el comercial es el protagonista y el responsable pasa a un segundo plano. Para ello hay que tener consensuado qué tiene que ocurrir en las visitas y qué herramientas vamos a usar, por ejemplo un argumentario o un *checklist* de la visita. Después de cada visita o acción comercial hay un *feedback* focalizado, y al final de la jornada uno más profundo y un plan de acción consensuado para ejecutar hasta la siguiente jornada de entrenamiento. Este párrafo bien entendido cambia la forma de dirigir un equipo.

Es clave formar a los mandos en cómo ofrecer *feedback* constructivo y motivador, ya que os aseguro que he visto a algún responsable decirle al *coachee:* «Nooooo, muy mal», y no es broma.

La dirección comercial efectiva requiere más que una buena estrategia de negocio: demanda un liderazgo que sea ejemplar, empático y técnicamente estructurado.

Un líder debe ser no solo un administrador de tareas, sino un coach y mentor para su equipo.

Al adoptar la metodología líder-coach y enfocarse en el acompañamiento y el desarrollo personalizado de sus miembros, las empresas pueden asegurar, no solo el cumplimiento de metas, sino también la creación de un ambiente de trabajo motivador y productivo.

ANÁLISIS

E l análisis es el pilar que sustenta las decisiones informadas. Como líder no puedes basarte únicamente en corazonadas o intuiciones: necesitas datos, hechos y la capacidad de interpretarlos correctamente.

Un buen análisis te ayuda a entender dónde estás, qué está funcionando y qué necesita mejorar.

La importancia del análisis en la dirección comercial

El análisis es como el tablero de control de un avión: te da visibilidad de lo que está pasando en tiempo real y te ayuda a prever posibles problemas. Sin esta información, cualquier decisión es un salto al vacío.

En el ámbito comercial, analizar significa comprender:

- ¿Cuáles son los productos o servicios más rentables?
- ¿Qué clientes generan mayor valor a largo plazo?
- ¿Qué miembros del equipo están destacando y quiénes necesitan apoyo?

Un análisis constante y profundo asegura que cada decisión tenga una base sólida.

Herramientas esenciales para el análisis

Hoy en día tienes a tu disposición una amplia gama de herramientas para recopilar y analizar datos. Estas son algunas de las más útiles en dirección comercial:

1. *CRMs*: sistemas como Salesforce u Odoo permiten registrar y analizar el comportamiento de los clientes y el rendimiento del equipo.
2. *Dashboards*: herramientas como Power BI o Tableau facilitan la visualización de datos clave de forma intuitiva.
3. Informes de ventas: analizar tendencias, comparar períodos y segmentar clientes por rentabilidad.

Los pilares del análisis efectivo

1. Define qué medir: no todos los datos son relevantes. Enfócate en los indicadores clave de rendimiento –KPIs– que realmente reflejen el éxito de tu negocio. Por ejemplo:
   - Volumen de ventas por región.
   - Tasa de conversión de «prospectos» a clientes.
   - Tiempo promedio de cierre de una venta.

2. Establece un proceso regular: el análisis no debe ser algo esporádico. Define una rutina para revisar los datos: diaria, semanal o mensualmente, según el caso.

3. Comparte los resultados: los datos solo tienen valor si se utilizan. Comunica tus hallazgos al equipo y conviértelos en acciones concretas.

Construye tu sistema de análisis

1. Define tres KPIs que sean fundamentales para tu negocio.

2. Elige una herramienta que te ayude a medirlos –puede ser un *CRM*, Excel o incluso una hoja de cálculo sencilla.

3. Establece una rutina para revisar estos indicadores y tomar decisiones basadas en ellos.

Los errores más comunes en el análisis

- Parálisis por análisis: a veces, el exceso de datos puede abrumar y retrasar las decisiones. Recuerda: no necesitas saber todo, solo lo necesario para avanzar.

- Ignorar el contexto: los números no cuentan toda la historia. Asegúrate de considerar factores externos o cualitativos que puedan influir en los resultados.

- Fijarse solo en lo negativo: el análisis no es solo para detectar problemas; también es una herramienta para identificar oportunidades.

CASO PRÁCTICO. ANÁLISIS EN ACCIÓN

Imagina que las ventas en una región han disminuido en el último trimestre. En lugar de culpar al equipo o las circunstancias externas, decides investigar.

1. Revisas los datos de ventas y notas que el descenso coincide con la entrada de un nuevo competidor en la zona.
2. Hablas con los vendedores y descubres que coinciden en que

algunos clientes han mencionado precios más bajos como razón principal para cambiar de proveedor.

3. Usas esta información para ajustar tu estrategia: introduces descuentos selectivos y refuerzas la formación del equipo en argumentación de valor.

4. Haces un plan de cuentas con acciones específicas y a medida en cada uno de los clientes: ampliación de gama, acuerdos anuales con descuentos, exclusividades...

Gracias al análisis tomaste una decisión basada en hechos, no en suposiciones, y lograste revertir la situación. La información proveniente del equipo de ventas es la más relevante, ya que están al lado del cliente y conocen todas las circunstancias.

La conexión entre análisis y liderazgo

Un buen líder no solo interpreta los datos; también enseña a su equipo a hacerlo. Fomenta una cultura donde todos sepan medir su desempeño y aprender de los resultados. Esto no solo mejora el rendimiento, sino que empodera a las personas, haciendo que sean más proactivas y responsables. Ayudamos a la madurez del equipo. Siempre me ha gustado que cada comercial explique los resultados y acciones en su zona en las reuniones de ventas.

KPIs, indicadores comerciales básicos

Vender tiene un poco de arte y mucho de ciencia, de matemáticas y de métrica.

Los resultados no se consiguen en una tabla de Excel, pero sí es necesaria si quieres mejorar y no trabajar a ciegas. Hablamos de KPIs o *Key Performance Indicators*, indicadores comerciales clave de rendimiento comercial.

Tengo un buen cliente con 10 comerciales al que la empresa de distribución le va bien pero no crece lo que debería; es como si tuviese un techo de cristal imposible de romper. Prácticamente no crecen y el sector está aumentando aproximadamente un 10 % anual.

Empezamos a analizar sus principales métricas: KPIs, indicadores comerciales básicos:

- Objetivo
- Ventas
- Porcentaje de cumplimiento
- Comparación con el año pasado
- Porcentaje de crecimiento o decrecimiento

	Objetivo	Ventas	Cumplimiento	Año pasado	Crecimiento
Paco	450.000	463.512	103,00%	427.500	108,42%
Luis	305.000	299.432	98,17%	289.750	103,34%
Miguel	375.000	267.890	71,44%	356.250	75,20%
Ana	350.000	362.456	103,56%	332.500	109,01%
Paco 2	460.000	380.000	82,61%	437.000	86,96%
Javier	305.000	278.965	91,46%	289.750	96,28%
César	375.000	375.300	100,08%	356.250	105,35%
Alberto	373.560	350.765	93,90%	354.882	98,84%
María	589.000	675.234	114,64%	559.550	120,67%
Julio	475.600	376.567	79,18%	451.820	83,34%
TOTAL	4.058.160	3.830.121	94,38%	3.855.252	99,35%

A la vista de estas cifras, que además se repiten cada año, la preocupación es no crecer y no saber a qué es debido ni qué plan de acción adoptar.

Tenemos que monitorizar y conocer los motivos de cumplimiento o incumplimiento de su objetivo.

Esta es la información básica que manejan, pero vamos a profundizar algo más:

	Margen	Beneficio	Visitas
Paco	20	92.702	1.410
Luis	18	53.898	1.643
Miguel	34	91.083	1.345
Ana	12	43.495	1.450
Paco 2	12	45.600	1.270
Javier	24	66.952	1.430
César	19	71.307	1.375
Alberto	19	66.645	1.200
María	17	114.790	1.398
Julio	14	52.719	1.240
TOTAL	18,9	699.191	13.761

KPIs avanzados

Ahora, además de saber cómo vamos con respecto al objetivo y la comparación con el año anterior, sabemos exactamente el beneficio bruto de cada cartera y la intensidad de visitas por comercial. Es una información cuantitativa, a la que hay que añadir la cualitativa. Por ejemplo, Alberto estuvo de baja por enfermedad y esto ha afectado a su productividad.

Los comerciales hacen entre 5 y 6 visitas diarias, razonable para el tipo de cliente, pero, por ejemplo, no disponemos de la información de en qué tipo de cliente están invirtiendo esas visitas y ese esfuerzo.

Puedes trabajar muchos más indicadores comerciales, como por ejemplo la venta diaria, comparada con el mismo día del año anterior, y por ejemplo el *Average Order Value* –AOV–, el pedido medio, ya que si un cliente hace muchos pedidos pequeños y pagas tú los portes por ahí se te escapa parte del margen.

Además de estudiar cada cartera y la actividad hay que pensar en los clientes. El tiempo es limitado y debes invertirlo donde más rentable sea: mantenimiento y desarrollo de cuentas, apertura de nuevos clientes...

Para ello tendremos que trabajar el plan de cuentas.

Análisis KPIs y plan de cuentas

No solo hay que analizar cada cartera y sus circunstancias; también cada cliente para decidir si seguimos invirtiendo en él o dejamos ese hueco para otras cuentas más rentables o de mejor potencial.

Falta mucha información y vamos a tener que mejorar el reporte de los comerciales, que son los que tienen la información del territorio y los clientes.

Nombre	Facturación	Facturación año anterior	Margen	Potencial	Nivel de satisfacción cliente	Nivel de satisfacción nuestro	Plan
HIOHOP SL	22.300	30.000	12	30.000	5	6	Mejor atención, más visitas y venta de más familias
PISUERGA VALLEY	3.000	3.400	19	5.000	8	6	Abandonar subiendo precios al sustituirlo por otro de mayor potencial

Nombre	Facturación	Facturación año anterior	Margen	Potencial	Nivel de satisfacción cliente	Nivel de satisfacción nuestro	Plan
WALTER INC	6.200	4.500	22	22.000	8	9	Potenciar con promociones específicas
PATINETES RUIZ	10.000	12.000	5	20.000	8	4	Cliente poco rentable. Renegociar precios o compra de familias rentables; sin acuerdo, buscar sustituto
LUNA LUNERA SA	13.456	9.800	17	25.000	9	9	Incrementar visitas, formación técnica e invitación a viaje de convención

Con este análisis y plan de cuentas podremos saber qué hacer en cada cliente, trazar un plan para potenciarlo o abandonarlo, y ocupar el tiempo que invertimos en él en un cliente nuevo u otro de la cartera con mayores posibilidades.

Hablando con el cliente me doy cuenta de que varios vendedores se enquistan tanto en el desarrollo de un cliente como en «prospectos» de poco resultado, a veces años...

Indicadores comerciales del día a día

Cuando trabajaba como *regional sales manager* en una multinacional norteamericana hacía un seguimiento quincenal de la evolución de todas las cuentas que llevaba mi equipo. Si a mitad de mes el cliente no había comprado lo esperado –eran pedidos de reposición...– preparábamos una acción específica para él, visita, llamada, oferta o explicación del «no pedido». Competencia, precio, problema de atención, lo que te permitía reaccionar con agilidad.

ombre	Facturación mes	Facturación mes año anterior	Objetivo mes	Diferencia	Margen	Tóner / Papel	Mobiliario	Servicios generales	Plan
OHOP	1.858	1.250	1.200	-658	9	800	250	150	Mejor atención, visitas y venta de más familias
UERGA LEY	250	560	593,6	344	3	250	0	0	Abandonar subiendo procios al sustituirlo por otro de mayor potencial
LTER C	567	1.200	1.272	705	23	0	350	217	Potenciar con promociones específicas
TINETES IZ	925	570	604,2	-321	2	550	0	375	Cliente poco rentable. Renegociar precios o compra de familias rentables; sin acuerdo, buscar sustituto
NA NERA	1.217	700	371	846	11	200	450	567	Incrementar visitas, formación técnica e invitación a viaje de convención

Se parecía, siendo más extenso, a este cuadro, y te permitía gestionar la cuenta en cuanto se producía la desviación. El tiempo es el que es y debemos utilizarlo de la manera más eficiente posible, y este análisis ayuda.

En este vídeo estamos entrenando las visitas comerciales en la época de estos archivos de seguimiento. Sobre él trabajamos la mejora de las visitas –que las tiene– y argumentario con los clientes. Lo puedes ver en con ayuda de este código QR:

Lo que creo que se nota es lo bien que nos llevábamos, y de hecho a día de hoy seguimos siendo amigos[2].

Hoy es fácil que tengas un buen *CRM*; los hay con versiones gratuitas como ZOHO que funcionan muy bien, o que tu empresa tenga un *software* de analítica avanzada como Power BI, o QlickView[3], pero de cualquier forma tienes que tener en cuenta este análisis de resultados.

Luego viene la parte cualitativa, el acompañamiento a tu equipo, para testar la realidad del cliente y la calidad de las visitas, que los entrenes y hagas crecer.

Estrategia comercial: cuatro grandes preguntas

En el ámbito de las ventas y el marketing, la estrategia comercial es fundamental para guiar a una empresa hacia sus objetivos.

---

2   Gracias Gregor Aldea, Javier LLácer, Mayte González y Samy Pérez por el permiso para colgarlo y por sus actuaciones tan espontáneas. Disculpad la calidad y que esté sin cortes y con alguna broma, pero creo que el documento vale la pena con toda la frescura del momento. Más de 19 años de mejora comercial nos contemplan.

3   Y si te lo implantan los amigos de Encamina, mejor aún.

Estas son las cuatro grandes preguntas que toda estrategia comercial debe abordar: ¿Dónde? ¿Cómo? ¿Quién? ¿Qué? Estas preguntas, no solo guían el rumbo de la empresa, sino que también aseguran el que cada miembro del equipo esté alineado con los objetivos y valores de la organización. A continuación desarrollamos cada una de estas preguntas en detalle, relacionándolas con los contenidos y enfoques presentes en la web de Vasavender.com.

1. ¿Dónde? «No hay viento favorable para el barco que no sabe a dónde va». Esta célebre frase resume la importancia de definir claramente dónde estamos y hacia dónde queremos ir.

- Análisis DAFO/CAME. El análisis DAFO y el análisis CAME –Corregir, Afrontar, Mantener y Explotar– son herramientas esenciales para comprender la posición actual de la empresa. Estos análisis nos ayudan a identificar tanto los factores internos como externos que afectan a nuestro negocio.

- Propósito/*ikigai*. Es el núcleo que define la razón de ser de la empresa. Va más allá de los beneficios económicos, buscando un impacto positivo en la sociedad y un sentido profundo para los empleados. Debe alinearse con los objetivos estratégicos y operacionales de la empresa.

- Objetivos SMART. Establecer objetivos SMART –Específicos, Medibles, Alcanzables, Relevantes– y en un tiempo determinado, garantiza el que las metas sean claras y alcanzables. Estos objetivos deben guiar cada acción y decisión dentro de la estrategia comercial, proporcionando un marco para medir el éxito.

2. ¿Cómo? El proceso comercial es el conjunto de pasos, acciones y herramientas que utilizamos para alcanzar nuestros objetivos.

Para definir cómo alcanzaremos nuestras metas debemos considerar varios modelos y metodologías:

- BANT –*Budget, Authority, Needs, Timeline*–. Este modelo nos ayuda a cualificar prospectos basándonos en su presupuesto, autoridad para tomar decisiones, necesidades y cronograma.

- *Pitch*. La capacidad de presentar nuestro producto o servicio de manera convincente es crucial.

- *Buyer*/persona. Definir perfiles detallados de nuestros clientes ideales facilita la segmentación y la personalización de las estrategias de marketing.

- Segmentación. Dividir el mercado en segmentos más manejables nos permite enfocar los esfuerzos de manera más eficaz.

- DISC/SPIN. Estas metodologías ayudan a entender mejor a los clientes y adaptar nuestra comunicación y propuestas a sus necesidades específicas.

- Posicionamiento y canales. Determinar cómo y dónde vamos a posicionar nuestro producto en el mercado y qué canales utilizaremos para llegar a los clientes es esencial.

3. ¿Quién? El equipo es el corazón de cualquier estrategia comercial. Su capacidad, valores y creencias determinan en gran medida el éxito de la estrategia.

- Inteligencia emocional. La inteligencia emocional del equipo es fundamental para gestionar las relaciones internas y externas. Comprender y manejar las emociones ayuda a construir un ambiente de trabajo positivo y productivo.

- Liderazgo. El liderazgo efectivo se basa en una combinación de visión, entusiasmo, disciplina y confianza. Un buen líder inspira y guía a su equipo hacia el logro de los objetivos comunes:
  - Visión: proporciona una dirección clara y motivadora.
  - Entusiasmo: mantiene el espíritu y la motivación del equipo.
  - Disciplina: asegura que el equipo mantenga un enfoque constante y eficiente.
  - Confianza: fomenta un ambiente de seguridad y colaboración.

4. ¿Qué? La última pregunta se refiere a lo que estamos haciendo actualmente para alcanzar nuestros objetivos. Esto implica revisar y ajustar hábitos y rutinas. También productos y servicios, con una buena estrategia de *smarketing*.

- Zona de confort. Los hábitos y rutinas del equipo pueden estar arraigados en una zona de confort que, si bien puede proporcionar estabilidad, también puede limitar el crecimiento y la innovación.

- Medición y análisis. Es crucial medir y analizar continuamente las actividades y los resultados en función de los objetivos establecidos en el primer punto. Herramientas como el *assessment* de vendedores, que se menciona en Vasavender.com, pueden ser muy útiles para identificar áreas de mejora y asegurar que cada miembro del equipo esté contribuyendo eficazmente al logro de los objetivos comerciales.

Abordar estas cuatro grandes preguntas proporciona un marco sólido para desarrollar y ejecutar una estrategia comercial efectiva. Al hacerlo, no solo alineamos nuestros esfuerzos con nuestros objetivos, sino que aseguramos que cada miembro del equipo esté comprometido y motivado para alcanzar el éxito.

GESTIÓN DEL EQUIPO

E l éxito de un líder depende de su equipo. No importa cuán brillante seas o lo buena que sea tu estrategia: si tu equipo no está alineado, motivado y bien gestionado, los resultados serán mediocres.

....

Gestionar un equipo implica construir relaciones, fomentar el desarrollo de las personas y asegurar que todos trabajan hacia un objetivo común.

....

Conoce a tu equipo

Cada miembro de tu equipo es único: cada uno tiene habilidades, motivaciones y metas personales distintas. Como líder, tu trabajo es conocerlos y crear un entorno donde puedan dar lo mejor de sí mismos.

Preguntas clave para conocer a tu equipo:

- ¿Qué los motiva?
- ¿Cuáles son sus principales fortalezas?
- ¿Qué necesitan para mejorar su desempeño?
- ¿Cómo les gusta recibir retroalimentación?

Cuanto más sepas sobre las personas que lideras, mejor podrás adaptarte a sus necesidades y aprovechar su potencial.

Construye confianza

....

**La confianza es la base de cualquier
equipo exitoso.**

....

Sin ella no hay comunicación abierta, no hay colaboración
real y, en última instancia, no hay resultados. Para construir
confianza:

1. Cumple tus promesas: si dices que harás algo, hazlo.
2. Sé transparente: comparte información relevante y
no tengas miedo de admitir errores.
3. Muestra interés genuino: haz preguntas, escucha
activamente y demuestra que te importa cada persona, no solo su desempeño.

Gestiona conflictos con empatía

En cualquier equipo los conflictos son inevitables. Lo importante no es evitarlos, sino gestionarlos de manera constructiva.

- Escucha a ambas partes: evita tomar decisiones
apresuradas sin conocer todos los puntos de vista.
- Busca soluciones *win-win*: ayuda a las partes a encontrar una solución que beneficie al equipo en su
conjunto.
- Actúa con rapidez: los conflictos no resueltos tienden a escalar y afectar a la moral del equipo.

Estoicismo, liderazgo, negocios y ventas

El estoicismo, un enfoque práctico y robusto, destaca como
una extraña filosofía de valores que no están de moda y sin

embargo son de gran sabiduría y aplicabilidad. Esta forma de pensar, que tuvo entre sus seguidores a Marco Aurelio, emperador romano y pensador, ofrece lecciones valiosas para enfrentar desafíos contemporáneos, especialmente en los negocios y las ventas. A través de la mirada estoica podemos aprender a gestionar nuestras emociones, enfrentar la adversidad con fortaleza y perseguir el éxito con integridad.

El estoicismo nos enseña a diferenciar entre lo que está bajo nuestro control y lo que no lo está, instándonos a centrarnos en nuestras propias acciones y actitudes. Esta filosofía se hace eco en el pensamiento de líderes y empresarios, que encuentran en ella un marco para una toma de decisiones ética y efectiva.

Marco Aurelio, a través de sus escritos, nos proporciona una guía práctica para la automejora y la gestión de conflictos. Una de sus citas más relevantes dice: «La mejor venganza es ser diferente a aquel que cometió la injusticia». En el entorno de negocios esto se traduce en responder a la competencia desleal no con represalias, sino mejorando nuestros propios estándares y prácticas. La filosofía de Marco Aurelio anima a líderes y vendedores a buscar la excelencia en sus propias acciones y mantener un comportamiento ético y profesional.

....

La práctica estoica de enfocarse en lo que podemos controlar es particularmente relevante en las ventas.

....

Marco Aurelio aconsejaba: «No te perturbes por el futuro. Te enfrentarás a él, si tienes que hacerlo, con las mismas armas de razón que hoy te arman contra el presente». En ventas esto significa prepararse meticulosamente, pero también aceptar que no todos los resultados están bajo nuestro control. Esta mentalidad ayuda a los profesionales a mantener la calma en situaciones adversas y enfocarse en aquello en lo que realmente pueden influir: su habilidad para vender y construir relaciones con los clientes.

Formación en liderazgo

Cuando hago una formación para *managers* y trabajamos la metodología líder-coach pongo algunos ejemplos de líderes inspiradores. Quizás sea Marco Aurelio uno de los mejores, tanto para la vida y la gestión de uno mismo, lo que ahora llamamos inteligencia emocional, como para la gestión de equipos.

Si has llegado hasta aquí vas a tener dos regalos: una reseña del libro que les doy a mis alumnos, las *Meditaciones de Marco Aurelio,* y una charla de liderazgo que hice este año en Leroy Merlin para sus *managers* y en la que hablamos entre otras cosas de Marco Aurelio. La tienes al principio del libro.

«Meditaciones»

Meditaciones de Marco Aurelio, uno de los textos más influyentes de la filosofía estoica, está repleto de reflexiones profundas. Aquí presento un resumen de algunas de sus mejores frases y enseñanzas:

1. Control sobre las reacciones: «Tienes poder sobre tu mente, no sobre los eventos externos. Date cuenta de esto y encontrarás la fuerza». Esta frase resalta la importancia de enfocarse en cómo reaccionamos ante las situaciones en lugar de tratar de controlar lo incontrolable.

2. Vivir conforme a la naturaleza: Marco Aurelio a menudo habla de vivir de acuerdo con la naturaleza y la razón, un principio central del estoicismo. Esto significa actuar de manera virtuosa, en armonía con el orden natural y la lógica.

3. La impermanencia de las cosas: «Todo es efímero, tanto quien recuerda como lo recordado». Esta reflexión subraya la naturaleza transitoria de la vida y la importancia de no aferrarse a las cosas materiales o la fama. Y lo dice un emperador...

4. La importancia de la autorreflexión: «Retírate en ti mismo. Es en el interior de cada persona donde reside la tranquilidad». Marco Aurelio enfatiza la necesidad de la introspección y el autoconocimiento para encontrar la paz.

5. La aceptación de lo que sucede: «Ama el destino que te ha sido asignado». Esta enseñanza anima a aceptar los eventos tal y como ocurren, en lugar de resistirse a ellos.

6. La universalidad de la experiencia humana: «Lo que le sucede a uno, puede sucederle a cualquier otro». Esta idea refuerza la conexión entre todos los seres humanos y la universalidad de nuestras experiencias.

7. La práctica de la virtud: «El mejor modo de vengarse de un enemigo es no asemejarse a él». Marco Aurelio promueve la virtud y el comportamiento ético como respuestas a la adversidad y la maldad.

8. El poder de la razón: «La felicidad de tu vida depende de la calidad de tus pensamientos». Destaca cómo nuestros pensamientos y nuestra actitud mental juegan un papel crucial en nuestra percepción de la felicidad.

Estas enseñanzas de Marco Aurelio no solo proporcionan una visión de su propia búsqueda de sabiduría y virtud, sino que también ofrecen una guía atemporal para enfrentar los desafíos de la vida con serenidad y fortaleza moral, la tuya y las de los integrantes de tu equipo.

¿Qué es un líder?

¿Eres un líder natural? Llevo más de 20 años dirigiendo equipos comerciales, obteniendo resultados y consiguiendo objetivos. ¿Y qué he aprendido en ellos? La importancia del liderazgo natural.

Creo que el líder responsable de equipos comerciales debe dirigir, enseñar, acompañar, exigir, y todo ello hacerlo de una manera natural, o aparentemente natural.

¿Qué características debe poseer un líder natural?
- Valores
- Conocimiento de la metodología comercial
- Capacidad didáctica
- Psicología
- Empatía
- Visión
- Comunicación
- Vocación de servicio

- Capacidad de análisis
- Toma de decisiones
- Equilibrio
- Simpatía
- Energía
- Optimismo
- Pasión
- Audacia

Y probablemente muchas más. En la carrera de un comercial, y cuando es maduro, llega un momento en que tiene que crecer. Si hablamos de venta a empresas hay dos caminos lógicos: el ascenso a grandes cuentas o la coordinación o dirección de un equipo comercial.

Estoy de acuerdo con que liderar es servir y que se necesita vocación de servicio y entrega para ser un buen líder. También hay que ser entrenador y docente. Me gusta trabajar con equipos que contienen diferentes rangos de edad, a veces con diferencias de 20 años, por lo que la aportación y la sinergia son máximas.

Muchas personas no saben el potencial que tienen y necesitan un coach que les muestre cuál es la situación actual y el entorno, la realidad, consensuar los objetivos, las opciones que hay para alcanzarlos, y finalmente qué, quién, cómo y cuándo se hará.

Todo ello con las preguntas que empezaron ya con Sócrates, un líder natural, y que siguen siendo tan útiles como entonces. Sus alumnos preguntaban por el saber, y Sócrates, con preguntas, les hacía llegar a sus propias conclusiones, y de ahí cubrir la distancia entre lo que somos y lo que queremos ser no hay mucho. Como ves, Sócrates fue un gran coach, aunque no certificado.

El acróstico GROW siempre me ha gustado para expresar la esencia del coaching comercial. ¿Sabes qué es?

- *Goal:* tener claro y consensuado el objetivo.
- *Reality:* comprender la situación actual en que nos encontramos.
- *Options:* qué opciones reales tenemos.
- *What, Who, How, When:* qué, quién, cómo y cuándo lo haremos.

El crear el ambiente necesario para que fluya la conversación constructiva y que del *coachee* salga un plan de acción y la motivación necesaria para hacerlo creo que depende mucho de ese liderazgo natural, que, como probablemente vas deduciendo, no está exento de metodología.

¿El líder debe servir?

El equipo, para que él lo haga con el cliente, debemos conseguir que se sienta fuerte y respaldado, ayudándolo y haciéndole pensar. Así le hacemos crecer.

Para ejercer este liderazgo no sirve cualquier persona: tiene que tener unos valores profundamente arraigados, manejar la inteligencia emocional y disfrutar de esa vocación de servicio a los componentes del equipo, clientes, y, si me apuras, accionistas. Aquí el ego no es bienvenido, ya que deberás disfrutar más la victoria de una persona de su equipo que de una propia.

¿Motivar como líder?

Siempre digo que con que un jefe no desmotive ya tenemos mucho ganado, pues mucha parte de la motivación se tiene que traer de casa. En alguna formación he bromeado; «Cuando me afeito todos los días lloro las penas para llegar perfecto al trabajo y en positivo relacionarme con mi equipo y mis compañeros».

Es importante saber qué motiva a cada uno de los miembros del equipo: alguno preferirá más salario o variable, otro el salario emocional, tiempo libre o libertad de horario, o que lo supervises, que no lo hàgas o que le subvenciones medio máster. Cada persona es un mundo y deberás conocer en profundidad a todos y cada uno de ellas, sus familias y sus anhelos.

¿Cómo dar confianza?

No hay nada que destroce más el liderazgo de una persona u organización que una mala comunicación.

En las máquinas de café «he visto cosas que no creeríais: atacar naves en llamas más allá de Orión. He visto rayos C brillar en la oscuridad cerca de la Puerta de Tannhäuser...»[4].

Permitidme la broma, pero lo que no se explica bien y con transparencia acaba siendo rumor de máquina de café y merma el ánimo de muchos colaboradores. ¡Atención!

Cuántas cosas no decimos por miedo, jerarquía o porque tu jefe no te ha dado la confianza necesaria para hacerlo.

---

4   Famosas líneas del monólogo de despedida de Roy Batty, el replicante interpretado por Rutger Hauer en la película *Blade Runner*, 1982.

GESTIÓN DEL TIEMPO

L a gestión del tiempo es uno de los mayores retos para cualquier líder. Con reuniones, correos electrónicos, llamadas y decisiones constantes es fácil sentirse abrumado por la sensación de no llegar a todo. Sin embargo, los mejores líderes no trabajan más: trabajan mejor. El día que aprendes a creerte esto, tu vida directiva cambia.

El valor del tiempo

El tiempo es el único recurso que no puedes recuperar.

Como líder, cada minuto que pierdes afecta, no solo a tu productividad, sino también a la de tu equipo. Por eso gestionar tu tiempo de manera efectiva es una de las habilidades más importantes que puedes desarrollar. Muchas veces digo en las formaciones que los mejores comerciales son los que mejor gestionan su tiempo, y el de sus clientes.

Prioriza lo importante, no lo urgente

Stephen Covey, autor de *Los 7 hábitos de la gente altamente efectiva*, divide las tareas en cuatro cuadrantes:
1. Importante y urgente: crisis, problemas inmediatos.

2. Importante pero no urgente: planificación, desarrollo de estrategias, formación.
3. No importante pero urgente: reuniones innecesarias, correos.
4. No importante y no urgente: distracciones.

El verdadero éxito está en dedicar más tiempo al segundo cuadrante, donde puedes crear un impacto duradero.

Consejos prácticos para gestionar tu tiempo

1. Planifica tu día: comienza cada jornada con una lista clara de prioridades.

2. Agrupa tareas similares: responde correos en bloques de tiempo específicos en lugar de hacerlo a lo largo del día.

3. Aprende a delegar: no intentes hacerlo todo tú mismo. Confía en tu equipo.

4. Evita las distracciones: silencia notificaciones y establece horarios para interrupciones inevitables.

5. Usa la regla del 80/20: identifica el 20 % de actividades que generan el 80 % de los resultados.

Ejercicio. Controla tu tiempo

Durante una semana registra cómo usas tu tiempo. Luego, clasifica cada actividad en los cuadrantes de Covey y evalúa dónde estás dedicando demasiados recursos. Ajusta tus prioridades en consecuencia. Este ejercicio también funciona con un solo día tipo.

Gestión del tiempo en acción

Imagina que cada día pierdes una hora en reuniones que no aportan valor. Decides tomar medidas:

1. Reduces la duración de las reuniones a 30 min y las haces más estructuradas.
2. Estableces un criterio claro para decidir quién debe asistir a cada reunión.
3. Dedicas el tiempo ahorrado a planificar estrategias con impacto directo en las ventas.

El resultado: menos horas desperdiciadas y un mayor enfoque en actividades clave.

De todo lo que he leído y trabajado en gestión del tiempo me quedo con dos cosas: la importancia de controlar las interrupciones y los imprevistos. También incluye la propia dispersión y la necesidad de tener un proceso para vivir tranquilo.

De GTD[5] aprendí que tener una sola bandeja de entrada facilita mucho las cosas y lo que sabía de antemano es que lo que apuntas en la agenda con la certeza de que lo harás te despeja la mente respecto de esa acción. Cuando llevas bastantes acciones «de cabeza» tienes la certeza de que alguna de ellas fallará y no tendrás nunca la ansiada paz mental.

A continuación un caso de manejo del tiempo y los tiempos.

---

5   El método de *Getting Things Done* de David Allen. En España traducido en un libro de título *Organízate con eficacia*.

EL TIEMPO EN VENTAS. UN CASO DE SEGUROS

Hace unos días decidí cambiar de correduría de seguros. Llevaba trabajando con ella 30 años —creo que no hay que trabajar con nadie 30 años...–. El caso es que en una reunión, comparando precios de seguro de motos iguales, vi que yo estaba pagando el doble de un seguro básico, por lo que no cabía tener mejores coberturas. La cosa es que me había sentido bien atendido durante esos años, jamás rechisté de un precio ni lo comparé. Cambio bastante de moto, por lo que algo de faena he dado. Accidentes y partes no. Bueno, sí en el seguro de hogar y bien atendido.

Sí que había algo que no acababa de encajar. Me atendían correctamente... Solo correctamente, y hasta me sentía algo incómodo, ya que cuando en el otro lado encuentras corrección y solo corrección está faltando algo. De hecho llegué a pensar que molestaba, lo que podía ser apreciación mía.

Llamé para plantear la solución y no obtuve nada de vuelta salvo esperar la renovación y buscar mejor precio, así que decidí cambiar.

Supongo que lo habrás entendido: no me estaba cambiando por precio, sí por falta de reacción y de reacción —atención— a tiempo. Llegué a decirles: «Lo entiendo, si no soy un cliente interesante me lo dices y me voy», pero solo había silencio, con lo que entendí que no era apreciado como cliente. Que un cliente te verbalice eso es terrible, y una gran llamada de atención.

Tiré de un contacto en otra correduría, a la que no conocía de nada salvo coincidir en una reunión de *networking*, y también pedí visita a una gran compañía de seguros. A ambos les di copia de los recibos de cuatro vehículos.

El caso es que uno vencía pronto —La Vespa— y el segundo corredor me hizo la póliza enseguida. Se acercaba el vencimiento del de mi coche, y como tenemos que preavisar al primero, también lo gestionamos. Además, me indicó que pagando en un solo vehículo el suplemento de mi hijo por conductor de menos de 25 años le servían el resto de seguros si eran de la misma compañía.

Con todo ello tramitado aparece, tarde, la gran compañía, que ya tenía precio del seguro de mi coche...

Llegó tarde y forzando visita para hacer los seguros de la empresa, con lo que le dije que estaban cubiertos. Se notaba que iban a por su beneficio antes que el del cliente. Todos tenían la oportunidad en el mismo momento y se lo llevó -el pequeño botín- el más rápido. O el menos lento. Espero que sirva de reflexión y aprendizaje. Todos nos equivocamos en ventas, yo el primero. Lo importante es aprender...

Aprendizajes

1. Un proveedor de muchos años se acomoda. No todos, pero sí muchos.
2. Dedicamos más tiempo a clientes nuevos -«prospectos»- que a cuidar la cartera.
3. Utilizamos deficientemente el BANT para cualificar al cliente y la oportunidad, sobre todo los tiempos.
4. El cliente se lo lleva, el que está atento y presente.
5. Cuando la relación no enamora y es rutinaria, mejor cambiar. Aplica al amor, a la política...
6. El mercado de los seguros se ha apalancado en precio, buscadores..., y es difícil demostrarle al cliente el aporte de valor, aunque no imposible.
7. Si tienes un equipo comercial de seguros será bueno que hablemos.
8. Es sano cambiar de proveedores de vez en cuando, por lo que menciono en el punto 2.
9. Vender es preguntar, escuchar y ayudar, siempre y por encima de las expectativas del cliente.

¿Qué te parece? Me encantará saber tu opinión.

COMUNICACIÓN EFECTIVA

L a comunicación es la columna vertebral del liderazgo. Como director, lo que dices –y lo que no dices– tiene un impacto directo en tu equipo y los resultados que alcanzas.

....

Una comunicación efectiva no solo informa, sino que inspira, alinea y motiva.

....

Los pilares de la comunicación efectiva

1. Claridad: expresa tus ideas de forma simple y directa. Evita la ambigüedad, que puede causar confusión.

2. Escucha activa: la comunicación no es un monólogo. Escucha con atención, haz preguntas y muestra interés genuino por las ideas y preocupaciones de los demás.

3. Consistencia: sé coherente entre lo que dices y lo que haces. Tus palabras pierden fuerza si tus acciones no las respaldan.

El poder de la comunicación no verbal

El 93 % de la comunicación no es lo que dices, sino cómo lo dices:

- El lenguaje corporal: postura, gestos y expresiones faciales refuerzan tu mensaje.
- El tono de voz: puede transmitir confianza, empatía o urgencia.
- El contacto visual: genera conexión y confianza.

EJERCICIO PRÁCTICO

Grábate durante un minuto con el móvil como si fuera una entrevista comercial o como si hablases a tu equipo. Luego analiza:

- ¿Tu lenguaje corporal refleja seguridad?
- ¿Tu tono de voz es adecuado al mensaje?
- ¿Cómo reaccionó tu equipo a lo que dijiste?

Si haces este ejercicio durante 15 días, te aseguro que la persona que ves el día 1 y el 15 no se parecerán en casi nada. No sabes la cara que pones en tus clientes o con tu equipo. Y pones cara de serpiente. (Es broma, pones la que ves en el móvil).

Comunicación en equipo: establece puentes

- Reuniones eficaces: ten una agenda clara, evita reuniones innecesarias y fomenta la participación activa.

- *Feedback* constante: ofrece retroalimentación constructiva y receptiva. Esto mantiene a tu equipo motivado y en continua mejora.

- Cultura de transparencia: comparte información relevante sobre los objetivos y el estado del negocio. Un equipo informado es un equipo comprometido.

Oratoria comercial: el arte de conectar con tu audiencia y generar impacto

La oratoria comercial es una habilidad fundamental para cualquier emprendedor, empresario, estudiante o profesional en ventas. Es el arte de comunicar ideas de manera clara, persuasiva, y sobre todo memorable.

....

En un mundo donde la competencia por la atención es feroz, saber hablar en público puede marcar la diferencia entre destacar y pasar desapercibido.

....

Este capítulo pretende ser una guía completa para mejorar tus habilidades de oratoria, con consejos prácticos que te ayudarán a convertirte en un orador efectivo y captar la atención de tu audiencia desde el primer minuto.

Oratoria aplicada a ventas

1. El poder de los primeros 30". Como decía el filósofo romano Virgilio, «ellos pueden porque creen que son capaces». La confianza en uno mismo es esencial, como también lo es el inicio de tu discurso. Los primeros 30" son cruciales para captar la atención de tu audiencia. En este corto periodo debes enfocarte en un buen exordio –introducción–, que sea impactante. Utiliza una historia, una cita sorprendente o una pregunta retórica que intrigue a tu público. La clave es hacer que tu audiencia se pregunte: «¿Qué más tiene para decirme?». Si logras esto habrás ganado su interés.

2. La regla de las 3 Cs. Toda presentación de éxito se basa en tres objetivos principales: comunicar, convencer y conseguir. Comunicar implica transmitir tu mensaje de manera clara y sencilla, usando un lenguaje que todos puedan entender. Convencer se refiere a la capacidad de influir en la audiencia, utilizando datos, ejemplos y argumentos sólidos que apoyen tu punto de vista. Finalmente, conseguir supone lograr el objetivo final de tu presentación, ya sea vender una idea, motivar a tu equipo, o inspirar un cambio de actitud.

   En cada una de estas fases debes recordar que tu discurso no solo trata de lo que dices, sino también de cómo lo dices. La combinación de la comunicación verbal –las palabras–, no verbal –gestos y postura–, y paraverbal –entonación y ritmo– es lo que hará que tu mensaje tenga el impacto deseado.

3. Comunicación verbal, no verbal y paraverbal. Una presentación efectiva depende en gran medida de estos tres elementos. De hecho, estudios como el de Albert Mehrabian señalan que la comunicación no verbal y para-verbal representan el 93 % del impacto de un mensaje, mientras que las palabras solo el 7 %. Esto significa que tu tono de voz, la manera en que te mueves y los gestos que utilizas son clave para conectar con tu audiencia.

   • Comunicación verbal: las palabras que utilizas. Sé claro, directo y evita tecnicismos innecesarios. Recuerda que menos es más.

   • Comunicación no verbal: la manera en que utilizas tu cuerpo. Tus gestos deben acompañar y reforzar tus palabras, no distraer de ellas. Una postura abierta y relajada demuestra confianza.

- Comunicación paraverbal: cómo utilizas la voz. Juega con el volumen, la velocidad y los silencios. Un silencio bien colocado puede ser más poderoso que mil palabras.

4. Conviértete en una vaca púrpura. El experto en marketing Seth Godin popularizó la metáfora de la «vaca púrpura» para referirse a lo que es realmente memorable. Si vemos una vaca común en un campo, al principio nos llamará la atención, pero pronto se convertirá en algo ordinario. Sin embargo, si una de esas vacas fuera púrpura, no la olvidaríamos jamás. Esto se aplica también a la oratoria: la mayoría de las presentaciones son aburridas o mediocres, pero aquellas que destacan son las que se quedan en la mente de la audiencia.

   ¿Cómo convertirse en una vaca púrpura? Atrévete a ser original, utiliza anécdotas personales y haz preguntas que inviten a la reflexión. No tengas miedo de mostrar vulnerabilidad, ya que esto ayuda a crear una conexión más auténtica con tu audiencia. La clave está en ofrecer algo diferente y especial que el público no espera.

5. La estructura de un buen discurso. Todo buen discurso tiene una estructura clara. Esta estructura facilita el que la audiencia siga tu mensaje y que el impacto sea mayor. Una de las fórmulas clásicas es la de exordio, desarrollo y peroración:

   - Exordio: aquí es donde captas la atención. Puede ser con una historia, una estadística impactante o una pregunta. Lo importante es crear curiosidad.
   - Desarrollo: es la parte central, donde explicas tus ideas. Mantén un hilo conductor y utiliza ejemplos concretos que faciliten la comprensión.

- Peroración: es el cierre de tu discurso, y es tan importante como el inicio. Aquí debes resumir las ideas clave y dejar un mensaje final que inspire o motive a la acción.

6. La importancia de los silencios. Los silencios controlados son una herramienta poderosa en la oratoria. Un silencio bien utilizado puede dar énfasis a una idea, generar expectación o simplemente permitir que la audiencia asimile lo que has dicho. Los mejores oradores saben que un buen discurso no es solo una cuestión de hablar, sino de cuándo no hablar. Practica el hacer pausas antes de un punto importante o tras una afirmación poderosa. Verás cómo tu mensaje gana en fuerza y claridad.

7. Preparación y ensayo. La preparación es el 50 % del éxito de cualquier presentación. No basta con conocer el contenido de tu discurso; debes practicar cómo lo vas a decir. Ensaya frente a un espejo, grábate y escucha la grabación y pide *feedback* a personas de confianza. La práctica constante no solo te hará sentirte más seguro, sino que también te ayudará a ajustar el tono, el ritmo y el lenguaje corporal para maximizar el impacto de tu mensaje.

8. Conexión con la audiencia. Un buen orador debe conectar con su audiencia a tres niveles: intelectual, emocional y ético. La conexión intelectual se refiere a la capacidad de compartir conocimientos de manera clara y comprensible. La conexión emocional, por otro lado, busca empatizar con los sentimientos del público, mostrando

pasión y autenticidad. Por último, la conexión ética está relacionada con la confianza que la audiencia deposita en ti como orador. Un discurso auténtico y coherente generará credibilidad y, por ende, mayor influencia. Usa la técnica de entrenamiento *elevator pitch*[6].

9. Superando el miedo escénico. El miedo a hablar en público es una de las fobias más comunes, incluso entre los grandes oradores. Uno de los peores enemigos de un orador es el *blackout*, ese momento en que nos quedamos en blanco frente a la audiencia. Para superarlo es importante recordar que nadie espera que seas perfecto. Si te olvidas de algo utiliza una anécdota, haz una pregunta al público para ganar tiempo o repite lo último que dijiste. Lo más importante es mantener la calma y no perder la conexión con la audiencia.

10. Plan de mejora personal. Finalmente, la oratoria comercial es una habilidad que se perfecciona con la práctica y la autocrítica. Crea un plan de mejora personal que incluya metas específicas, como trabajar en tu dicción, mejorar tu lenguaje corporal o aprender a utilizar los silencios. La clave es ser constante y tener la disposición de aprender de cada experiencia. Recuerda: cualquiera puede ser un buen orador si se lo propone.

------

6   Un *elevator pitch* −discurso de ascensor− es una presentación breve y concisa, de entre 30 y 60", cuyo objetivo es despertar el interés de alguien sobre un proyecto, empresa o perfil profesional. Se llama así porque debe ser lo suficientemente corto como para realizarse durante el trayecto de un ascensor. No se trata de «vender» el producto final, sino de conseguir una segunda reunión o el contacto de la otra persona.

La oratoria comercial, la comunicación comercial, es una herramienta poderosa para cualquier profesional que desee inspirar, persuadir y dejar una huella en su audiencia. Al seguir estas pautas estarás más cerca de convertirte en un orador que no solo comunica, sino que también convence y conquista a su audiencia. Así que, ¡adelante!

Atrévete a hablar, contar tu historia y ser esa vaca púrpura que todos recuerdan.

No quiero dejar de agradecerle a Maty Tchey, la mejor profesora de oratoria que conozco, y lo digo con conocimiento ya que he ido tres veces a su formación, lo que me ha enseñado en este ámbito. Además de lo que sabe y su gran capacidad docente, es una estupenda persona, lo que facilita mucho las cosas. Jamón, pan, jamón... En estos momentos espero que esté «cuidando su gallina».

TOMA DE DECISIONES

C omo líder, tu capacidad para tomar decisiones puede marcar la diferencia entre el éxito y el fracaso. Una buena decisión no siempre es la más fácil, pero es la que se alinea siempre con tus valores y objetivos.

El proceso de toma de decisiones

1. Define el problema: sé claro sobre qué necesitas decidir y por qué es importante.

2. Recopila información: usa datos relevantes y escucha a las personas involucradas.

3. Evalúa opciones: considera pros y contras de cada alternativa.

4. Actúa con confianza: una vez que decidas, comunica tu decisión y sigue adelante con determinación.

5. Evalúa los resultados: aprende de cada decisión para mejorar en el futuro.

Decisiones rápidas frente a estratégicas

• Decisiones rápidas: ideales para problemas urgentes. Apóyate en tu intuición y experiencia.

- Decisiones estratégicas: requieren un análisis profundo y consulta con el equipo. Tienen un impacto a largo plazo.

Errores comunes al tomar decisiones

- Parálisis por análisis: intentar reunir demasiada información puede retrasar decisiones importantes.

- Ignorar datos relevantes: no dejes que sesgos emocionales te lleven a decisiones poco fundamentadas.

- Falta de consulta: no decidir en equipo puede generar resistencia o errores evitables.

CASO PRÁCTICO. TOMAR DECISIONES EN MOMENTOS DE CRISIS

Imagina que un cliente importante amenaza con cancelar un contrato debido a un retraso. Tienes dos opciones:

1. Ofrecer un descuento como compensación inmediata.
2. Resolver el problema rápidamente y demostrar tu compromiso sin comprometer ingresos.

Decides optar por la segunda opción, comunicándole al cliente las acciones que tomarás para corregir la situación. Al resolverlo con eficacia, no solo lo retendrás, sino que fortalecerás la relación a largo plazo. Ten en cuenta que cualquier decisión que tomes ha de ser buena para la empresa, el equipo el cliente y los resultados. Nadie dice que sea fácil.

RESOLUCIÓN DE PROBLEMAS

L os problemas son inevitables en cualquier equipo o proyecto.

....

La verdadera medida de un líder no es si enfrenta problemas, sino cómo los resuelve.

....

Una buena capacidad de resolución de los mismos fortalece la confianza del equipo y lo posiciona como un líder confiable.

Enfrentando los problemas con claridad

1. Define el problema. La mayoría de los problemas mal gestionados surgen porque no se entienden del todo. Pregúntate:
   - ¿Qué está ocurriendo realmente?
   - ¿Qué impacto tienen en el equipo o los resultados?

2. Identifica las causas. Usa herramientas como el diagrama de Ishikawa –causa-efecto– para identificar raíces, en lugar de atacar solo los síntomas.

3. Propón soluciones. Considera múltiples opciones antes de elegir una. Consulta a las personas involucradas para generar ideas.

4. **Actúa con rapidez.** La acción oportuna puede evitar que un problema pequeño se convierta en una crisis mayor.

5. **Evalúa los resultados.** Una vez resuelto el problema, analiza qué funcionó y qué podrías hacer mejor en el futuro.

Fomenta una mentalidad de solución

Un equipo bien dirigido no solo reporta problemas, sino que también propone soluciones. Para fomentar esto:
1. Reconoce las ideas del equipo.
2. Fórmalos en habilidades de análisis.
3. Crea un entorno donde no se tema al error, sino que se aprenda de él.

CASO PRÁCTICO. COMUNICACIÓN EN ACCIÓN

Imagina que las ventas en una región clave han caído un 20 %. En lugar de reaccionar impulsivamente, sigues estos pasos:

1. Analizas los datos y descubres que la competencia ha lanzado un producto con precios más bajos.
2. Hablas con el equipo de ventas y descubres que necesitan mejores herramientas para argumentar el valor del producto.
3. Implementas una formación intensiva y mejoras la estrategia de comunicación del equipo.

Resultado: las ventas vuelven a crecer en tres meses.

INNOVACIÓN Y ADAPTACIÓN

En un mundo en constante cambio, los líderes más exitosos son aquellos que abrazan la innovación y se adaptan rápidamente a las nuevas circunstancias.

....

No basta con mantenerse al día; necesitas ir un paso por delante.

....

CULTIVA UNA MENTALIDAD INNOVADORA

1. Sé curioso: investiga nuevas tendencias, herramientas y metodologías de tu sector.

2. Fomenta la creatividad: organiza sesiones de *brainstorming* y valora las ideas del equipo.

3. Asume riesgos calculados: no temas experimentar, pero evalúa siempre los posibles impactos.

Adaptación en tiempos de cambio

Peter Drucker decía que «el mayor peligro en tiempos de turbulencia no es la turbulencia en sí, sino actuar con la lógica del pasado». Para adaptarte:

- Sé flexible: ajusta tus estrategias según lo exijan las circunstancias.
- Escucha al mercado: observa cómo cambian las necesidades de tus clientes.
- Invierte en formación: capacita a tu equipo para afrontar nuevos desafíos.

CASO PRÁCTICO. INNOVACIÓN EN ACCIÓN

Tu competencia lanza una campaña digital agresiva que amenaza con quitarte clientes. En lugar de entrar en pánico decides:

1. Lanzar una campaña propia basada en los valores únicos de tu marca.
2. Ofrecer *webinars* gratuitos para educar a los clientes sobre tus productos.
3. Invertir en herramientas digitales que mejoren la experiencia del cliente.

Resultado: no solo retienes clientes, sino que ganas nuevos.

LIDERAZGO INSPIRADOR

E l liderazgo no es solo dirigir; es inspirar.

Un líder inspirador logra que las personas trabajen con entusiasmo y compromiso, no porque deban hacerlo, sino porque quieren hacerlo.

Las claves del liderazgo inspirador

1. Da ejemplo: sé el líder al que quieres que tu equipo siga. Actúa con integridad y compromiso.

2. Comunica una visión clara: las personas quieren saber hacia dónde se dirigen y por qué su trabajo importa.

3. Reconoce y celebra logros: nunca subestimes el poder de un «gracias» o un reconocimiento público.

4. Invierte en el crecimiento de tu equipo: ayuda a las personas a alcanzar su máximo potencial.

El impacto de un líder inspirador

- Equipos más motivados y productivos.
- Menor rotación de personal.
- Relaciones laborales más sólidas y satisfactorias.

¿Cuánto tiempo hace que le has dicho a alguno de los miembros de tu equipo «estoy muy orgulloso de ti»? Pues eso...

Liderazgo situacional

Es un modelo de liderazgo desarrollado por Paul Hersey y Ken Blanchard que ha revolucionado la manera en que los líderes perciben y ejercen su influencia en diferentes contextos. Ofrece un enfoque flexible y adaptable, argumentando que el estilo de liderazgo más efectivo depende de la situación. Esta perspectiva es especialmente útil en un mundo empresarial cada vez más dinámico y diverso.

Fundamentos del liderazgo situacional

Desarrollado en la década de 60, el modelo de liderazgo situacional de Hersey y Blanchard propone que no existe un único estilo de liderazgo mejor; la efectividad del mismo depende de la adaptación del líder a las demandas específicas de la situación social y laboral en que se encuentra. Este modelo se centra en dos variables principales: la tarea –el comportamiento dirigido hacia la tarea– y la relación –el comportamiento dirigido hacia la relación.

Estilo de Liderazgo

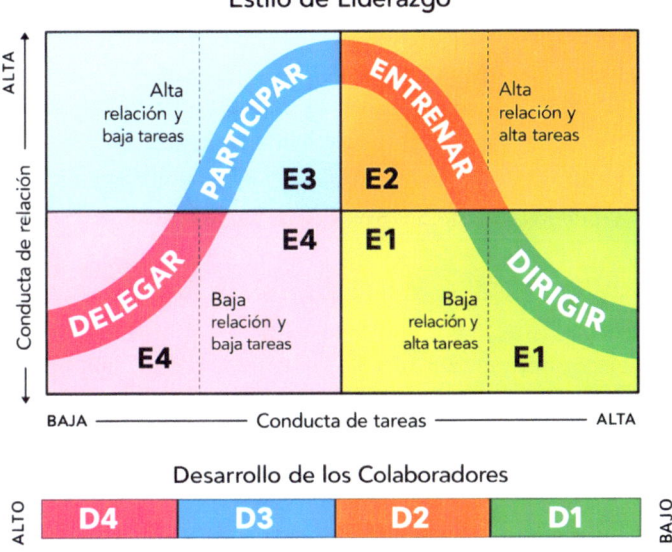

Los cuatro estilos de liderazgo

1. Dirigir –estilo S1–. Este estilo, de alta dirección y baja relación, es adecuado para empleados con baja competencia pero alta motivación. Involucra instrucciones claras y una supervisión constante.

2. Entrenar –estilo S2–. Combina alta dirección con alta relación. Efectivo con empleados que están intentando mejorar su competencia pero aún necesitan apoyo y motivación.

3. Apoyar –estilo S3–. Baja dirección y alta relación. Utilizado mejor con empleados de tienen alta competencia pero baja motivación. El líder aquí ofrece menos directrices y más apoyo emocional y motivacional.

4. Delegar –estilo S4–. Implica baja dirección y baja relación. Es adecuado para empleados con alta competencia y alta motivación, donde el líder delega la responsabilidad de las decisiones y la ejecución de tareas.

Aplicación práctica del liderazgo situacional

La belleza del modelo reside en su flexibilidad. Los líderes pueden evaluar las necesidades de sus empleados y ajustar su estilo de liderazgo según sea necesario, lo que puede aumentar significativamente la eficacia de la gestión. El modelo implica tres pasos principales:

1. Evaluación de la competencia y el compromiso: los líderes deben primero evaluar la competencia –habilidades y conocimientos– y el compromiso –confianza y motivación– de sus subordinados para realizar una tarea específica.

2. Adaptación del estilo de liderazgo: basándose en la evaluación, los líderes deben adoptar el estilo de liderazgo que mejor se adapte a las necesidades de sus empleados en ese momento.

3. Ejecución y retroalimentación: implementar el estilo elegido y luego obtener retroalimentación para ver si es necesario ajustar el enfoque.

Impacto en el desarrollo del liderazgo

El liderazgo situacional ha tenido un impacto profundo en cómo las organizaciones entrenan y desarrollan a sus líderes. Los programas de capacitación en liderazgo a menudo enseñan a los futuros líderes a reconocer las necesidades cambiantes de sus equipos y adaptar su comportamiento de manera apropiada. Este modelo ha ayudado a muchos líderes a convertirse en gestores más empáticos y receptivos, mejorando así la moral y la productividad de los equipos.

Críticas y limitaciones

Aunque el modelo de liderazgo situacional es ampliamente utilizado y respetado, no está exento de críticas. Algunos argumentan que su simplicidad puede no capturar completamente la complejidad de ciertas situaciones laborales. Además, la evaluación precisa de la competencia y la motivación de los empleados, que puede ser desafiante y subjetiva, lo que puede llevar a una aplicación incorrecta.

A pesar de algunas críticas, sigue siendo una herramienta valiosa en el arsenal de cualquier líder, proporcionando una base sólida para el desarrollo de habilidades de liderazgo cruciales en el dinámico entorno empresarial de hoy.

Al final, el liderazgo situacional enseña que la clave para un liderazgo efectivo no reside en un estilo único, sino en la capacidad de adaptarse y responder a las necesidades cambiantes de las personas y las situaciones.

CONSTRUYENDO UN LEGADO

L iderar no es solo lograr objetivos a corto plazo; es dejar una huella duradera.

....

Tu legado como líder no se mide únicamente por los resultados que alcanzaste, sino por las vidas a las que impactaste.

....

Deja huella como líder

1. Construye relaciones sólidas: la gente recordará cómo le hiciste sentir.

2. Crea sistemas sostenibles: un buen líder organiza procesos que perduran incluso cuando no está presente.

3. Invierte en la próxima generación: forma líderes dentro de tu equipo que puedan continuar tu trabajo.

El liderazgo trascendente

Un legado poderoso no es cuestión de egos, sino de contribuir al éxito de otros. Pregúntate:
- ¿Qué quiero que mi equipo diga de mí dentro de 10 años?

- ¿Cómo puedo ayudar a mi empresa a prosperar a largo plazo?

Hoy tengo la suerte de contar con personas que han sido compañeros o han estado en mis equipos comerciales y siguen siendo mis amigos. Es verdad que soy el mayor y me sigo sintiendo responsable de su formación, coaching y éxito comercial.

Fomentando el éxito en equipo: la filosofía Gung Ho

Existe un principio oriental de colaboración y esfuerzo conjunto conocido como Gung Ho. Este término, que se traduce del chino como «trabajo en equipo» o «el arte de colaborar eficazmente», es una metodología que incorpora acciones, tácticas y estrategias diseñadas para llevar a un equipo hacia el éxito y la alta productividad.

La esencia de Gung Ho se cimenta en el entusiasmo, considerado el motor impulsor del mundo, y subraya la importancia de la actitud positiva entre los miembros del equipo.

Este enfoque se estructura alrededor de tres pilares fundamentales:

- La inspiración del espíritu de la ardilla. Este pilar promueve el valor y la dignidad del trabajo. Se centra en asegurar que cada tarea realizada contribuya a un bien mayor, impulsado por una visión clara que el líder debe saber comunicar efectivamente. Hace énfasis en la importancia de dejar el mundo en mejores condiciones de como lo encontramos, resaltando la ecología, la sostenibilidad y los principios éticos. La idea es que los valores del proyecto sean un reflejo de los valores compartidos por todo el equipo, inspirando así el mismo cariño y respeto que se tiene hacia las ardillas por su naturaleza y valores.

• La metodología del castor. El segundo pilar se enfoca en la autonomía y el desafío. El castor, conocido por su diligencia y eficacia al construir, simboliza la importancia de otorgar libertad al equipo mientras se le reta con objetivos más ambiciosos. Este enfoque subraya la necesidad de permitir que el equipo tome la iniciativa, proponiendo metas que requieran de una construcción más robusta, elevada o que se realice en menos tiempo. La labor del líder es guiar esta libertad controlada para asegurar que se mantenga el rumbo hacia el objetivo final, emulando la admiración que tenemos hacia los castores por su habilidad y metodología.

• El don del ganso. El tercer pilar se basa en el reconocimiento y la recompensa. El ganso representa el apoyo y la motivación dentro del equipo, simbolizando cómo el líder y la organización deben celebrar y reconocer los logros, grandes y pequeños, que conducen al éxito. Es crucial que cada miembro del equipo se sienta valorado y que sus motivaciones sean consideradas, promoviendo el reconocimiento público genuino mientras las críticas se mantienen privadas y basadas en hechos.

La tarea del líder es armonizar estos tres pilares: visión, metodología y motivación. Motivar constantemente es un reto, pero aplicando los principios de Gung Ho es posible al menos asegurar que no se desmotivará al equipo, lo cual ya es un logro considerable. Siempre digo que con que tu jefe no te desmotive vamos bien.

Ken Blanchard, en su libro *Gung Ho!*, explora profundamente este estilo de valores, liderazgo y motivación. Blanchard es reconocido por su teoría del liderazgo situacional, codesarrollada con Paul Hersey, lo que añade una capa de autoridad a su enfoque en Gung Ho.

En la cultura empresarial china es común que los valores de Gung Ho se alineen y reflejen los de la empresa, a menudo ilustrados en sus sitios web.

Adoptar Gung Ho es una estrategia efectiva para asegurar que tu empresa promueve valores compartidos, metodologías efectivas y una motivación sólida en el equipo.

CONTROL

E l control no es *micromanagement*; es asegurarte de que el equipo está alineado con los objetivos y que los resultados están en el camino correcto.

Un buen líder no controla por desconfianza, sino para garantizar que los recursos se usen de manera eficiente y efectiva.

Los principios del control efectivo

1. Establece indicadores claros: define métricas que reflejen el progreso hacia los objetivos.

2. Mide regularmente: haz revisiones semanales o mensuales para evaluar el estado del equipo y de los proyectos.

3. Corrige con empatía: si algo no está funcionando actúa con prontitud, pero sin perder de vista la importancia de las relaciones humanas.

Herramientas para el control

- *CRMs* para seguimiento de clientes y ventas.
- *Dashboards* para monitorear KPIs.
- Reuniones de retroalimentación periódica.

Cuando trabajaba en Offide Depot como *regional sales manager* de Levante y del Norte de España, además de acompañar todo lo que podía al equipo quincenalmente le enviaba un Excel con las ventas, lo que debería comprar su cartera de clientes, desglosado por familias de producto márgenes...

Partiendo de ese informe, y teniendo en cuenta que la papelería y la ofimática son compra recurrente, el propio vendedor me presentaba un plan de acción en cada cliente para el mes en curso: vender a familias que no compran tóner de marca blanca para ganar margen y que el cliente ahorre, visita urgente de análisis de necesidades, negociación de descuentos...

Digamos que teníamos bastante controlado el negocio y los resultados nos avalaron durante bastantes años.

Después de presentarte estas herramientas me gustaría hablar de las que para mí son las que necesita un buen liderazgo, lo que hace falta para dirigir bien a personas, y dedicar un apartado a cada una de ellas.

Competencias para el liderazgo

Piensa en cualquier líder inspirador e intenta identificar que características tiene. Piensa en algún otro y haz el mismo ejercicio. Encontrarás una serie de coincidencias que te darán la pauta de cómo tiene que ser un líder. Y valdrá para Teresa de Calcuta, Siddhartha Gautama o el panadero de tu barrio. También para ti, si diriges un equipo de personas.

Llevo 30 años dirigiendo y formando equipos, en mi caso comerciales, y 40 siendo vendedor. Para mí, tras haber visto mucho, las competencias más importantes para un buen liderazgo son 4:

1. Visión
2. Pasión
3. Disciplina
4. Confianza

Visión

«Cuando no sabes hacia dónde navegas... ningún viento es favorable» (Séneca). Cuántos jefes hay que funcionan a bandazos y según sopla el viento. Así es muy difícil construir nada. El liderazgo te tiene que mostrar el camino. Indicarte a dónde vas y, si es posible, que sea un lugar bueno o un reto interesante. Jesucristo, Siddhartha Gautama, Ernest Shackleton, Steve Jobs, Marie Curie... tienen en común esa virtud de creer en su visión, y muy importante, saber transmitirla. Jesús lo hizo con tanta fuerza que su empresa ya tiene más de 2.000 años.

Pasión

Una seta no puede liderar. De cenizos está el mundo lleno. Necesitamos líderes que transmitan actitud y pasión, y a los que les brillen los ojos. Esto es muy importante buscarlo en las personas que vas a incorporar a tu equipo. Tiene que ver mucho con el entusiasmo, con la alegría de vivir y ser positivo. Hay gente que cuando entra en una sala la ilumina, con su mirada, sus gestos, su sonrisa... y otra que cuando los ves de lejos te cambias de acera; mientras piensas «ya esta aquí el 'pesao'» ese.

Disciplina

Cuando nos fallan la actitud y la pasión –y somos personas y nos va a pasar–, necesitamos otra fuerza, la de hacer las cosas aunque no nos apetezca. Si quieres el sobresaliente deberás conseguir que lo que no te apetece hacer te guste. Vístelo de reto, dedícaselo a alguien o *«just do it»*. No hay más. Madrugar, viajar, tener reuniones aburridas o hacer cosas que aparentemente te hacen perder el tiempo. Ten en cuenta que el equipo te mira, y si ven que tu pasión disminuye o no la transmites y no observan disciplina por tu parte tenemos un problema, y gordo.

Confianza

Dos por uno. La confianza debes dársela al equipo, sobre todo delegando, ya que delegar es confiar, y suele ser lo que más les cuesta a los directivos llenos de ego («Nadie lo hace tan bien como yo»). Error fatal; pocas cosas refuerzan tanto a una persona como que confíen en ella delegando funciones o tareas importantes, y desde luego siempre supervisándola, no dejándola sola.

Y la otra parte, la otra confianza. Tu liderazgo no funcionará si no te ganas la confianza del equipo, de todo el equipo. Si no te has ganado a alguna persona del equipo puede ser el principio del fin. Tienes que saber qué motiva a cada miembro del equipo y darle lo que necesita. La confianza te la presta el equipo, y debes ser digno de ella.

VISIÓN

La visión es el faro que guía al equipo hacia el éxito. Es la capacidad de imaginar un futuro mejor y trazar un camino para llegar allí.

Los grandes líderes inspiran a través de una visión clara y apasionada. Saber a dónde se quiere ir, a dónde quieres llevarlos.

Cómo definir tu visión

1. Sé específico: una visión vaga no motiva. Define un objetivo concreto.

2. Hazlo relevante: la visión debe resonar con las aspiraciones del equipo y los clientes.

3. Comunícalo con entusiasmo: habla de la visión como si ya fuera una realidad.

Ahora está de moda hablar del propósito. Desde luego que hay que tener un propósito en la vida, y también con tu equipo. Es impresionante darse cuenta de ello al leer el libro de Viktor Frankl, *El hombre en busca de sentido*. Las personas, en las peores circunstancias que puede tener un ser humano, sobrevivían gracias a tener un propósito, y unos zapatos...

He tenido bastantes jefes en esta vida. Algunos me han enseñado, otros me han hecho crecer, a veces con sufrimiento, aunque eso luego se olvida, y alguno que me ha despedido, y hasta hubo uno que menoscabó mis funciones y fue a por mí (y al que no le ha ido nada bien), porque hay que contar que con gilipollas sin valores también nos vamos a cruzar. Más adelante hablo de uno de ellos.

No es de eso de lo que quiero hablar; más bien al contrario. Los he tenido, o los he visto en las empresas en las que he hecho consultoría y formación. Hay personas que casi sin querer transmiten que saben a dónde van y lo que quieren para su equipo.

Ese «casi sin querer» creo que también lleva una parte importante de consciencia y trabajo. Cuando doy clases de liderazgo y dirección comercial pongo ejemplos como Teresa de Calcuta, Marco Aurelio, Shackelton, pero también hablo de líderes mucho más cercanos, personas que se preocupan sinceramente por su equipo.

Se trata de valorar a las personas que trabajan contigo y acompañarlas en su crecimiento, incluso poniéndolas en algún aprieto para que lo superen.

Estas personas cuentan que en el sueldo va lo solitario del puesto, ya que no tienen compañeros, y los miembros del equipo, aunque lo pienses, no son exactamente tus amigos; son colaboradores.

Ha habido ocasiones en que he confundido ese criterio: hacerme amigo de las personas de mi equipo y tener algún problema. Por lo tanto —y ya lo siento—, distancia profesional.

Volvamos a la visión. Se trata de saber –o al menos creer que lo sabes– a dónde hay que ir, y, muy importante, saber transmitírselo a cada miembro del equipo.

....

Cada persona es distinta y tendrás que conocerla y comunicarte con ella como espera que lo hagas.

....

A mí me funciona, primero preguntar mucho, y luego conocer bien a la persona hasta que esté preparada para compartir nuestros objetivos comunes y cómo llegar hasta ellos.

No seamos gilipollas

Esta mañana iba de camino a una conferencia en Valencia por la Avda. del Puerto. De repente, frenazo, una pitada y un acelerón de un Polo azul eléctrico que adelanta a un coche blanco para ponerse delante en el carril. El blanco se pone a su nivel y no oigo lo que le dice, aunque sí la respuesta del Polo azul: «Tu puta madre».

Ese es el nivel de buena mañana. Yo voy en moto, y por eso tengo que estar pendiente de esos frenazos, pitidos y demás, ya que me va la vida en ello. Pero no es eso lo que quería comentar.

Desde hace años decidí que jamás tendría una discusión de tráfico, y lo he ido consiguiendo. Este señor del Polo además iba en el coche con una señora, vergüenza ajena también en solidaridad con ella. Vale, la mayoría de personas no son, no somos así. O eso quiero creer.

Vamos a las ventas. A veces en alguna formación comercial he comentado que se trata de «no hacer el gilipollas», pero quiero explicar la frase. En ventas hay veces en que simplemente no lo hacemos bien. No prestamos toda la atención al cliente, no invertimos el tiempo y las ganas necesarias en conocerlo y la venta no sale. Estamos pensando en otra cosa y hemos asumido que ese cliente no nos comprará porque somos unos sabihondos, y aquí viene la profecía autocumplida.

....

No le eches la culpa a nadie que no seas tú. Tú y yo somos los responsables, igual que cuando la venta sí sale.

....

Hay clientes que están dispuestos a comprarte y otros que nunca lo harán. Saber esto cuanto antes también es bueno. Creo que los vendedores tenemos que ser muy humildes y considerar que toda nuestra carrera será un aprendizaje.

Entonces el consejo comercial es «no hacer el Gilipollas», así, con mayúsculas. A veces damos una operación por cerrada sin tener garantías, otras no hemos hecho todo para que esa propuesta fuese excelente y nosotros mismos eliminamos las posibilidades de venta.

Otra cosa es cuando vas a un cliente sin fe. Mi consejo es «no ir», ya que trabajarás para nada. ¿Cómo puedes avanzar en este aspecto? Con el BANT.

Ten en cuenta al cliente, pregúntale bien, escúchalo, ayúdalo de verdad a resolver un problema y, por favor, pon toda tu alma en ello. O no lo hagas.

Tenemos una profesión maravillosa que permite conocer a personas interesantes y ayudarlas. El mundo está lleno de cenizos que insultan porque un coche los adelanta en un carril. Nosotros debemos ser lo contrario: repartir profesionalidad y alegría de vender y vivir, y sobre todo no seamos gilipollas.

ENTUSIASMO

E l entusiasmo es contagioso.

Un líder apasionado genera energía positiva en su equipo, incluso en los momentos difíciles.

Cultiva el entusiasmo en ti y en tu equipo

1. Encuentra un propósito personal: conecta tu trabajo con lo que realmente te motiva. Trabaja en lo que te apasiona y nunca tendrás que trabajar.

2. Celebra las pequeñas victorias: cada paso merece ser reconocido: diplomas, bombones, menciones...; todo vale.

3. Mantén una actitud positiva: tu energía define el tono del equipo. Todos tenemos preocupaciones, malos momentos y enfermedades. Aquí, como los payasos, te pones la nariz y a hacer felices a los niños.

Siempre digo que de cenizos está el mundo lleno, que cuando entramos en una habitación tenemos que iluminarla, y que si eres un «seta» difícilmente podrás liderar ni entusiasmar a nadie.

Piensa en esa persona con la que te gusta estar porque te transmite buena energía, te enseña cosas, te apoya, y compárala con esa otra negativa que te resta energía, te hace perder el tiempo, que está como cansada. Tú eliges.

Quizás te inspiren estas frases.

49 DE LAS MEJORES FRASES DE VENTAS

1. «Deja de vender. Empieza a ayudar». (Zig Ziglar).

2. «El marketing se está convirtiendo en una batalla basada más en la información que en el poder de las ventas». (Philip Kotler).

3. «Si quieres volar como un águila, no te rodees de pavos». (Desiderio Gallego).

4. «La disciplina es la parte más importante del éxito». (Truman Capote).

5. «Trata a las objeciones como peticiones por más información». (Brian Tracy).

6. «Cada venta tiene cinco obstáculos a vencer: la no necesidad, la falta de dinero, la falta de prisa, la carencia de deseo y la desconfianza». (Zig Ziglar).

7. «El precio siempre es un problema, solamente si suenas igual que todo el mundo». (Paul Di Modica).

8. «La motivación casi siempre le gana al mero talento». (Norman Ralph Augustine)

9. «La profesión más antigua del mundo...: comercial». (Rafael Machín).

10. «Recuerda que lo más importante respecto a cualquier empresa es que los resultados no están en el interior de sus paredes. El resultado de un buen negocio es un cliente satisfecho». (Peter Drucker).

11. «Tus clientes más insatisfechos son tu mayor fuente de aprendizaje». (Bill Gates).

12. «Si realmente logras impresionarlos, los clientes se lo contarán unos a otros. La palabra que circula de boca en boca es muy poderosa». (Jeff Bezos).

13. «*Always be closing*». (Alec Baldwin en la película *Glengarry Glen Ross* de David Mamet).

14. «Nunca negocies el precio; negocia el valor que recibirá el cliente». (Mark Hunter).

15. «No puedes limitarte a preguntarles a los clientes qué es lo que quieren y tratar de procurárselo. En el momento en que lo hayas conseguido, ellos ya querrán algo nuevo». (Steve Jobs).

16. «El talento gana partidos, pero el trabajo en equipo y la inteligencia ganan campeonatos». (Michael Jordan).

17. «Aprende como si fueras a vivir toda la vida, y vive como si fueras a morir mañana». (Gandhi).

18. «Nuestra mayor debilidad radica en renunciar. La forma más segura de tener éxito es intentarlo una vez más». (Thomas Edison).

19. «Si tus ventas no están donde quieres es por tus procesos o tus personas». (Felipe Pérez de Madrid).

20. «Tenemos un plan estratégico: se llama hacer las cosas bien». (Herb Kelleher).

21. «Haz un cliente, no una venta». (Katherine Barchetti).

22. «Las ventas dependen de la actitud del vendedor, no de la actitud del prospecto». (William Clement Stone).

23. «Sobre todo recuerda divertirte. Eso te mantiene a ti y a tus compañeros entusiasmados y motivados». (Richard Branson).

24. «La responsabilidad de un ejército de un millón de hombres incumbe a uno solo: a aquel que es la fuente de su moral». (Sun Tzu).

25. «Ni aunque te rompas en mil pedazos, tus fragmentos dejarán de actuar igual». (Marco Aurelio).

26. «Hazlo o no lo hagas, pero no lo intentes». (Atribuida a Yoda).

27. «Trata a un hombre tal como es y se mantendrá como es. Trata a un hombre como lo que puede y debe ser y se convertirá en lo que pueda y debería ser». (Stephen Covey).

28. «Para tener éxito en ventas, simplemente habla con mucha gente todos los días. Y esto es lo es más emocionante de todo: hay mucha gente». (Jim Rohn).

29. «Los 'prospectos' equivalen a opciones. Conviértete en un maestro de la prospección y serás el dueño de tu destino en ventas». (Tibor Shanto).

30. «Las personas exitosas tienen bibliotecas. El resto tiene televisores con pantalla grande». (Jim Rohn).

31. «Un objetivo es un sueño con una fecha límite». (Tony Robbins).

32. «A la gente no le gusta que le vendan, pero les encanta comprar». (Jeffrey Gitomer).

33. «Hacer preguntas es prueba de que se piensa». (Rabindranath Tagore).

34. «Sé útil. Cuando veas a una persona sin una sonrisa, dale la tuya». (Zig Ziglar).

35. «La gente no compra por razones lógicas. Compra por razones emocionales». (Zig Ziglar).

36. «Para saber lo que la gente realmente piensa presta atención a lo que hacen, más que a lo que dicen». (René Descartes).

37. «Mi filosofía de vida siempre ha sido que las dificultades se desvanecen cuando uno las enfrenta con energía». (Isaac Asimov).

38. «Debes encontrar un hueco en el mercado en el que tus competidores se hayan vuelto perezosos y hayan perdido el contacto con los lectores o espectadores». (Rupert Murdoch).

39. «El optimista ve oportunidad en cada peligro; el pesimista ve peligro en cada oportunidad». (Winston Churchill).

40. «El espíritu de equipo es la habilidad para trabajar juntos en vistas a una meta común. La habilidad para encaminar los logros individuales hacia objetivos corporativos es el combustible que permite a la gente común alcanzar objetivos pocos comunes». (Andrew Carnegie).

41. «Hay únicamente un jefe: el cliente. Y puede despedir a todo el mundo en la empresa, desde el presidente hasta el de más abajo simplemente gastando su dinero en otra parte». (Sam Walton).

42. «Si Dios nos creó con dos orejas, dos ojos y una sola boca es porque tenemos que escuchar y ver dos veces antes que hablar. No abras los labios si no estás seguro que lo que vas a decir es más hermoso el silencio». (Proverbio árabe).

43. «Si quieres persuadir, tienes que apelar al interés más que al intelecto». (Benjamín Franklin).

44. «Emplea mucho tiempo en hablar con los clientes cara a cara. Te sorprenderá saber cuántas compañías no escuchan a sus clientes». (Ross Perot).

45. «Lo que ayuda a la gente, ayuda a los negocios». (Leo Burnett).

46. «La mejor forma de vender algo: no vendas nada. Gánate la confianza y el respeto de aquellos que podrían comprar». (Rand Fishkin).

47. «Internet ha acabado con la publicidad masiva y ha resucitado una unidad social del pasado: las tribus». (Seth Godin).

48. «Si cuando hablas nadie se molesta, eso es que no has dicho absolutamente nada». (Risto Mejide).

49. «Internet ha convertido lo que solía ser un mensaje controlado y unidireccional en un diálogo en tiempo real con millones de personas». (Danielle Sacks.)

Hay muchas más, pero esta es mi selección. Espero que la compartas.

DISCIPLINA

L a disciplina no es rigidez; es consistencia.

Los líderes que tienen éxito y los equipos de alto rendimiento son aquellos que cumplen sus compromisos, incluso cuando las circunstancias son difíciles.

Hábitos para construir disciplina

1. Establece rutinas: la estructura es clave para mantener la productividad.
2. Sé responsable: cumple lo que prometes.
3. Motiva con el ejemplo: si esperas disciplina del equipo, muéstrala primero en ti.

Lo haces por que lo tienes que hacer. Hace unos días un compañero de Alberta Norweg, Carlos Esquiú, al que le estaba comentando que no tenía ganas de ir al gimnasio, me dijo que eso se hacía, no se pensaba. Y tenía razón. Desde entonces me ha servido bastantes días para recordarlo e «ir sin pensar», como voy a hacer en un rato.

Siempre he preferido a los comerciales tenaces y constantes que son disciplinados y, con todo lo que nos trae la vida, lo siguen siendo. Si se acaba la motivación no queda otra que tirar de disciplina.

CONFIANZA

S in confianza no hay equipo.

Los líderes deben ganarse la confianza de sus colaboradores, y también fomentarla entre ellos.

Cómo construir confianza en el equipo

1. Sé transparente: comparte información importante con honestidad.
2. Cumple tus promesas: la confianza se construye con acciones, no solo con palabras.
3. Muestra empatía: escucha y comprende a las personas, especialmente en momentos difíciles.

¿Por qué soy vendedor? Por esto...

Transcribo textualmente el mensaje de Linkedin que he recibido esta mañana contestando al que envío para agradecer el contacto, que también incluyo...

Felipe: *Hola Sergi y muchas gracias por conectar. Encantado de tenerte en mi lista de contactos. Me dedico a la mejora comercial, al entrenamiento de fuerzas de ventas y a la consultoría desde hace 23 años. Me gus-*

taría mucho que visitaras mi página web y mi blog vasavender.com, donde comparto todo lo que he ido aprendiendo estos años sobre ventas, formación y dirección comercial. Si te suscribes al blog tendrás en tu email las últimas publicaciones sobre ventas, liderazgo y digital. Espero que tengamos oportunidad de colaborar y trabajar juntos en algún proyecto y que no tardemos mucho.

Hemos creado en Linkedin el grupo SENIORS ESPAÑA[7] para visibilizar a los profesionales que más experiencia acumulan y puedan compartir su valía. Está abierto al talento de todas las edades. Es tu grupo y es muy importante que te apuntes hoy y lo difundas, ya que algún día te ayudará. Si trabajas o conoces una empresa con comerciales que puedan mejorar será muy bueno que hablemos. En mi Web y mi perfil de LinkedIn tienes todos mis datos de contacto. Saluda a Jordi Forn, al que tengo mucho aprecio. Hasta pronto y gracias de nuevo.

Sergi Fernández: *Hola Felipe, muy buenos días. Sé de primera mano que eres el mejor consultor y formador en capacidad de ventas que he conocido en muchos años. Es posible que no me recuerdes... debido al volumen de gente que habrás conocido en estos 23 años formando, pero nos conocimos en enero de 2013 si no me equivoco... cuando estabas en fuerza comercial. Nos diste una formación a varios equipos comerciales de Envialia aquí en Barcelona. Y, cómo bien me comentas, el responsable entonces era Jordi Forn. Lo conozco personalmente, y también le tengo muchísi-*

---

7   https://www.linkedin.com/groups/8684981

mo aprecio, aunque ahora ya nos vemos tanto porque él está en la central en Madrid desde hace unos años. Quiero agradecerte el mensaje y el contacto, y espero poder ayudarte en un futuro a poder expandir tu consultora. Que sepas que a mí me marcaste muchísimo como comercial, y no lo olvido. Hay una frase que yo a día de hoy comento siempre a mis compañeros noveles que van entrando en este mundo y que dijiste tú. Era el principio para mí en esta profesión y la frase fue que era el momento de equivocarme mucho... sin miedo, porque eso me haría aprender más y ser mejor. Quiero agradecerte que en aquellos momentos tu formación me sirviera muchísimo en nuestra profesión, y te tengo siempre presente. Espero que todo te vaya genial. Recibe mi más cordial saludo. Hasta pronto y ¡gracias a ti por todo y por tanto! Atentamente.

Felipe: *Sergi, me alegras el día. Estoy en Madrid en un hotel y voy a iniciar una formación. Imagina el subidón. Tú das sentido a mi trabajo. Gracias. Si me dejas me encantaría publicar este mensaje. Un abrazo.*

Sergi Fernández: *Felipe, que sepas que si me has marcado a mí todos estos años seguro que lo habrás hecho en muchísimas ocasiones y lo seguirás haciendo en el futuro. ¡Gracias a ti! Claro que tienes mi permiso para publicarlo, aunque es mi más humilde mensaje y no será tan impactante como si fuera de alguien más notorio. Pero con más conocimiento de causa seguro que no habrá. Un abrazo y espero que nos volvamos a encontrar algún día. ¡Gracias de nuevo, Felipe!*

Confianza es lo que debemos generar en los clientes y el mayor y más difícil abrepuertas que conozco. Cuesta ganarla y se pierde en un segundo. Es lo que necesitas dar a tu equipo y, si eres bueno, tu equipo te la prestará.

Se consigue con mucha verdad, sinceridad y escucha, y es algo de lo que estoy orgulloso cuando hablo con vendedores que tuve en mis equipos hace muchos años y aún hoy seguimos siendo amigos.

Confiar es dar libertad y responsabilidad aunque te estés jugando el puesto y no sufrir por ello. Compañeros de fatigas...

MOTIVACIÓN COMERCIAL

....

**Un líder efectivo equilibra factores higiénicos
–salario, condiciones laborales, políticas de
empresa– y motivadores –reconocimiento,
responsabilidad, crecimiento personal– para
mantener a su equipo motivado.**

....

Motivación comercial

Es un tema recurrente en las formaciones comerciales y, por lo que sea, siempre polémico. Cuando les pregunto a mis alumnos: ¿la motivación es externa o interna? casi siempre ocurre lo mismo: primero el silencio y después, cuando les insistes un poco, la mitad de la clase piensa que es externa y la otra mitad interna. Y todos defienden su postura con vehemencia.

Entonces les digo que para mí es interna, que solo creo en la automotivación, y les explico que un líder te puede inspirar, puedes admirarlo, pero la motivación tiene que salir de ti. Lo que es muy fácil que haga un mal jefe es desmotivarte, y lo consigue con 4 palabras, un mal gesto o falta de atención.

La motivación no es laboral, o no es solo laboral: la persona es una y estará igual de motivada en el trabajo que en el resto de actividades y relaciones –esto también es polémico–. Aquí me dicen que puedes ser una persona feliz y motivada en un trabajo que no te gusta o con un jefe tóxico. Muy cierto, pero necesitarás tu dosis de motivación para superar esa situación o buscar alternativas. Si te desmotivas es muy difícil que lo superes.

En motivación hay tres autores clásicos que me gustaría que repasáramos juntos. Me parece interesante para profundizar y reflexionar y así tener una opinión propia.

Maslow y la pirámide de las necesidades

Pirámide de Maslow: necesidades humanas. Imagen: Triangulum.com

En 1948 Abraham Maslow publicó su jerarquía de las necesidades y su famoso triángulo. Remarcaba que las necesidades que debemos ir cubriendo empiezan por la base de la pirámide y, hasta que no tengamos cubiertas por ejemplo las necesidades básicas, no pasaremos a desear las siguientes. También que cuando tenemos un «piso» de la pirámide asentado lo damos por asumido, siendo muy desmotivador bajar y muy inspirador subir.

- La base de la pirámide reúne las necedades básicas, fisiológicas, como respirar, comer, descansar...

- El primer piso lo conforman las necesidades de seguridad: vivienda, trabajo, futuro aparente...
- El segundo piso se compone de las necesidades sociales: grupo, afecto, relaciones...
- El tercer piso son las necesidades de autoestima:- confianza, respeto, presunción, puesto...
- El «ático» lo ocupa la realización personal, «haber llegado»: sentirse realizado.

Herzberg y la aplicación a la empresa

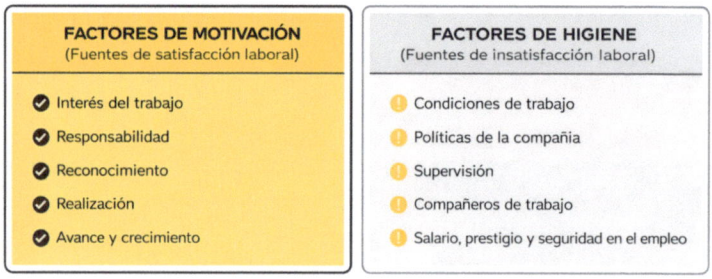

MODELO DE LOS DOS FACTORES
EJEMPLOS DE MOTIVACIÓN E HIGIENE

FACTORES DE MOTIVACIÓN (Fuentes de satisfacción laboral)	FACTORES DE HIGIENE (Fuentes de insatisfacción laboral)
✔ Interés del trabajo	❗ Condiciones de trabajo
✔ Responsabilidad	❗ Políticas de la compañía
✔ Reconocimiento	❗ Supervisión
✔ Realización	❗ Compañeros de trabajo
✔ Avance y crecimiento	❗ Salario, prestigio y seguridad en el empleo

Fuente: Hellriegel, Don; Slocum, John W. (1998). *Administración* (7.ª edición). México: International Thomson Editores, p. 472.

Herzberg estudió la motivación en el ambiente de trabajo y las empresas. Lo que propone es que hay unos factores de higiene o mantenimiento. Dice que la propuesta de la empresa para motivarnos y retenernos muchas veces consigue lo contrario: desmotivarnos si no están en el rango que deseamos.

En esta categoría están sueldo, supervisión, políticas de compañía, estatus, seguridad, relación con la gerencia...

Para Herzberg hay otros valores que sí son motivacionales y repercuten en el ánimo y la productividad de los trabajadores: reconocimiento, responsabilidad, desarrollo, que el trabajo sea retador, productivo y exitoso...

A mí me encaja, y cuando en formación pasamos un test nunca sale el salario como la opción más importante, aunque tiene trampa. Muchas veces formamos a trabajadores y mandos intermedios y su sueldo no está nada mal. Si estuviésemos formando posiciones de base sí la tendría. Pero insisto en que importan mucho más un plan de carrera, el ambiente de trabajo, y sobre todo la supervisión, y si no te lo crees pasa una temporada con un jefe tóxico.

Preparando y estudiando una formación de gestión de proyectos y trabajando para «no desmotivar» a las personas que intervienen en ellos descubrí este verano a Steven Reiss y sus 16 deseos, que, según él, motivan a todas las persona: poder, independencia, curiosidad, aceptación, orden, ahorrar/acumular, honor, idealismo, contacto social, venganza/lucha, familia, posición social, eros, comer, actividad física, tranquilidad emocional.

Seguro que te identificas con varios de estos «deseos» y que las tres teorías te ayudan a entenderte mejor y saber qué motiva a tu equipo comercial, y a todas las personas. Sobre todo conócelos y pregúntales.

Como directivo de personas tienes que tener en cuenta qué las motiva.

La formación comercial da pie a conocer la psicología, y los comerciales se abren a contarte los anhelos profesionales y personales que tienen. Es muy curioso que la parte económica casi nunca sea la más importante y que una de las más decisivas sea la supervisión. Ya sabes que las personas se van de una empresa por su jefe, su liderazgo, o más bien por la ausencia de este.

EL MODELO DISC

El comportamiento del cliente

En el mundo de la formación comercial y las ventas entender el comportamiento del cliente es crucial. Una herramienta poderosa es el modelo DISC, desarrollado por el psicólogo norteamericano William Marston en la década de 1920. Este modelo clasifica los comportamientos y las emociones de las personas en 4 categorías principales: Dominancia (D), Influencia (I), Estabilidad (S) y Cautela (C).

....

Cada persona es un mundo, pero hay mundos y comportamientos que se parecen mucho. Si los estudiamos y conocemos comprender más a los demás, y a nosotros mismos.

....

Ya Hipócrates, en la Grecia antigua, estudió la teoría de los 4 humores en las personas. Las dividía en:

- Coléricos: carácter y voluntad fuerte, poco tolerantes y propensos al estrés (aunque todavía no se llamaba así).
- Sanguíneos: optimistas, sentimentales y emocionales, habladores.
- Melancólicos: pausados, abatidos, somnolientos y con cierta tendencia a la depresión.
- Flemáticos: indiferentes, calmados, racionales y ordenados.

William Moulton Marston retomó esta clasificación, y en 1928, en su libro *Los componentes de las personas normales,* dio lugar a las teorías que conformarían el DISC, un modelo sobre los comportamientos humanos que divide a las personas, o mejor, sus comportamientos, en 4 en función de si son más racionales o emocionales, e introvertidas o extrovertidas, si están más orientados a las personas o a las tareas.

Dividió los patrones de comportamiento en:
- D: Dominancia. Personas concentradas en la tarea, conseguir resultados, que anteponen la acción a la planificación y son de fuerte liderazgo.
- I: Influencia. Persuasivos e interactivos. Más orientados a la relación que a la tarea o negocio.
- S: Seguridad. Amistosos y compasivos. Huyen del conflicto. Serviciales.
- C: Cumplimiento. Sistemáticos y eficientes, crean procesos, concienzudos.

¿Cómo se comporta cada perfil DISC?
- Dominante, decisivo:
  - Voz: fuerte, clara, segura, de ritmo rápido.
  - Volumen: más alto.
  - Lenguaje corporal: usa contacto directo con los ojos. Señala con el dedo. Se inclina hacia ti.

- Influyente, persuasivo:
  - Voz: animada, amistosa, parlanchines.
  - Volumen: bastante alto.
  - Lenguaje corporal: sonríe mucho. Es muy expresivo.

- Seguro, servicial:
  - Voz: tono bajo, cálido.
  - Volumen: suave.

- Lenguaje corporal: poca gesticulación. Relajado, no muestra sus emociones.

• Cumplidor, concienzudo:
- Voz: poca modulación, preciso, frío o distante.
- Volumen: tranquilo.
- Lenguaje corporal: pocos gestos con las manos. Contacto visual directo. Controlado.

El modelo es especialmente interesante para clientes, pero es válido para cualquier tipo de persona y relación. Ahora que nos conocemos sabremos «tratarnos» y tratar a otros para evitar conflictos, generar confianza, vender...

• D: sé directo y rápido, déjalo que domine y elija entre las opciones que le propongas, no te enfrentes. Muestra hechos y datos, no tus emociones.

• I: déjale hablar, sé cercano y cuéntale una historia –*storytelling*– como ejemplo. Reconócelo sin adular.

• S: habla despacio y con calma, dale confianza y garantía. Sé cercano y ordenado. Provee explicaciones lógicas (–ogos).

• C: céntrate en el tema, los procesos, básate en hechos y ve al detalle, sé científico y calmado en la exposición.

....

El DISC nos enseña a valorar estos comportamientos y adaptarnos a nuestros interlocutores. También a conocernos y aprovechar nuestras fortalezas.

....

No somos puros en un solo comportamiento, pero seguro que te ves reflejado en dos de ellos y, si eres sincero contigo, sabrás cuál es el dominante.

La inspiración de las aves en el modelo DISC

Una interpretación fascinante y accesible del modelo DISC se realiza a través de la analogía de diferentes tipos de aves: el águila, el loro, la paloma y el búho. Esta perspectiva, inspirada en parte por el libro *Alza el vuelo* de Merrick Rosenberg y Daniel Silvert, utiliza estas aves como metáforas para describir los diversos estilos de comportamiento:

- El águila representa la dominancia (D). Las personas que se identifican con el águila son líderes natos, decididas y con objetivos claros. Poseen una notable capacidad para dirigir y motivar a otros, mostrando una confianza innata y un enfoque directo hacia la consecución de sus metas.

- El loro simboliza la influencia (I). Aquellos que reflejan las características de los loros son extrovertidos, comunicativos y sociables. Disfrutan de la interacción con los demás, son expresivos y tienden a ser optimistas y entusiastas, capaces de influir y animar a su entorno.

• La paloma encarna la estabilidad (S). Las personas tipo paloma valoran la armonía, la cooperación y las relaciones pacíficas. Prefieren evitar conflictos y buscan construir vínculos basados en la confianza y el entendimiento mutuo, mostrando gran empatía y paciencia.

• El búho refleja la cautela (C). Los individuos que se asemejan a los búhos son metódicos, analíticos y precisos. Valoran el orden, la organización y los datos concretos, y su enfoque hacia los problemas es sistemático, basándose en la lógica y la meticulosidad.

Enriquecimiento de la formación comercial

La incorporación del modelo DISC en los programas de formación comercial, y la adaptación de Rosenberg y Silvert, ofrece a los participantes herramientas valiosas para el análisis y la comprensión del comportamiento humano. Al aprender a identificar y responder adecuadamente a los diferentes tipos de comportamiento, los vendedores pueden mejorar su capacidad para influir positivamente en sus clientes, adaptando sus técnicas de venta para ser más efectivos y eficientes.

Al identificar el tipo de «ave» que mejor describe a un cliente, los profesionales pueden adaptar sus estrategias de comunicación y venta para resonar mejor con cada individuo.

- Para las águilas es esencial adoptar un enfoque directo y claro, ofreciendo opciones y permitiéndoles tomar decisiones rápidas. La confianza y el respeto mutuo son fundamentales para establecer una relación productiva.

- Con los loros la clave está en fomentar la conversación y expresar aprecio por sus ideas y contribuciones. Valorar su sociabilidad y ofrecer un entorno alegre y dinámico puede fortalecer los vínculos comerciales.

- Para las palomas es importante mostrar paciencia y empatía, avanzando gradualmente en las negociaciones y asegurando su comodidad a lo largo del proceso. La construcción de la confianza es esencial para una relación duradera.

- Los búhos requieren un enfoque basado en datos y hechos. Presentar información detallada y análisis rigurosos satisfará su necesidad de minuciosidad y precisión, facilitando decisiones informadas.

Esta metodología no solo mejora la comprensión de las dinámicas humanas, sino que también permite a los profesionales de ventas adaptar sus enfoques para satisfacer de manera más efectiva las necesidades y preferencias de sus clientes.

El conocimiento profundo del comportamiento del cliente es una herramienta poderosa que puede transformar la manera en que interactuamos, negociamos y construimos relaciones en el mundo comercial.

LIDERAZGO NATURAL

E l liderazgo natural no se basa en títulos o jerarquías, sino en la capacidad de influir y guiar a otros a través de acciones, confianza y ejemplo.

....

Este tipo de liderazgo conecta emocionalmente con las personas y genera lealtad duradera.

....

Características del liderazgo natural

1. Autenticidad: los líderes naturales son genuinos, no intentan ser alguien que no son.

2. Empatía: entienden las emociones y las necesidades de su equipo.

3. Inspiración: motivan a las personas a ser mejores sin necesidad de imposición.

Cómo desarrollar un liderazgo natural

- Sé coherente entre tus valores y tus acciones.
- Practica la escucha activa.
- Invierte en tus relaciones: conoce a tu equipo más allá del ámbito laboral.

Elegancia comercial

Escribo mucho sobre ventas y sobre qué es ser un buen comercial. De hecho no me duelen prendas en llamarnos vendedores. En esto la etimología es importante y nos ayuda a entender de qué estamos hablando y explicar las cualidades de un buen vendedor:

1. Dignidad: «Cualidad del que se hace valer como persona, se comporta con responsabilidad, seriedad y con respeto hacia sí mismo y hacia los demás y no deja que lo humillen ni degraden». Me parece una de las mejores definiciones de lo que debería ser un vendedor; la responsabilidad y la asertividad son fundamentales, incluso para «desvender» en ocasiones.

2. Elegancia. «Que tiene distinción o gracia, resulta de buen gusto o destaca por su sencillez». Se ha hecho venta muy mala, se ha engañado y se ha vendido sin valores. El vendedor que cumple lo que dice, que tiene habilidades y valores comerciales y que trabaja duro para que su cliente tenga mejores negocios y sea más feliz podrá decir que es elegante. Como Zig Ziglar, un auténtico caballero de la venta del que te recomiendo leas cualquier cosa suya que encuentres.

3. Por descontado honestidad, perseverancia, además de las mejores habilidades y valores comerciales. Dando por hecho estas cualidades para un vendedor, creo que distinguen a la élite comercial, reservada a unos pocos y a todos los que quieran formarse y entrenarse...

....

Dignidad y elegancia, en la vida y en las ventas.

....

Para mí son los valores profesionales, las competencias que distinguen a los mejores comerciales, a los mejores vendedores. ¿Cuáles son los tuyos?

SI NO SIRVES, NO SIRVES

E ste capítulo destaca la importancia de servir como principio fundamental del liderazgo.

....

Un líder eficaz no solo dirige, sino que sirve a su equipo, proporcionándole las herramientas, el apoyo y el entorno que necesita para prosperar.

....

El liderazgo como servicio

1. Facilita el trabajo de tu equipo: elimina obstáculos y simplifica procesos.

2. Sé un mentor: ayuda a las personas a desarrollar sus habilidades y avanzar en sus carreras.

3. Pon al equipo por encima de ti mismo: los resultados colectivos son más importantes que el reconocimiento individual.

«ASSESSMENT»

Los procesos de *assessment* –evaluación–
son fundamentales para medir el desempeño,
identificar fortalezas y áreas de mejora,
y alinear al equipo con los objetivos de la
organización.

Cómo realizar una evaluación efectiva

1. Define objetivos claros: ¿qué quieres medir: habilidades, rendimiento o actitudes?

2. Usa herramientas variadas: entrevistas, encuestas, simulaciones, *feedback* 360º.

3. Proporciona retroalimentación constructiva: las evaluaciones deben servir para el crecimiento, no para castigar.

«Assessment» o evaluación comercial

Hace unos días me he dedicado a la evaluación comercial del equipo de un cliente. En muchas ocasiones la he realizado en formato entrevista, pero esta vez he podido acompañar a los vendedores en sus visitas reales y ha resultado mucho más profunda, y en todo caso efectiva.

Cuando a tus comerciales los acompaña un consultor para hacerles un *assessment* es fácil que se pongan a la defensiva y que, lógicamente, se sientan... evaluados. Los primeros momentos debemos dedicarlos a romper el hielo y explicarles que será una sesión de crecimiento profesional en la que habrá una evaluación, pero que será consensuada. El comercial en ocasiones conoce sus puntos fuertes y áreas de mejora, y en otras hay que ayudarlo a que estas afloren y se dé cuenta de dónde está y adónde quiere llegar.

Las visitas comerciales

Me parece muy gracioso cuando el comercial te lleva a una visita en la que tiene mucha confianza con el cliente y lo ha aleccionado previamente. Se produce una especie de «obra de teatro» muy curiosa. Hasta en esta situación no pocas veces el consultor puede apreciar cómo actúa el comercial y extraer conclusiones sobre proceso, competencias y habilidades.

Se van desarrollando las visitas y es importante que ese ambiente de confianza siga creciendo. Aquí aparece siempre la pregunta del comercial: ¿cómo te presento? En muchos clientes podría presentarme como un compañero de la empresa, ya que colaboro con ella y la conozco bien. Esto tiene dos dificultades: no dispongo de tarjeta de visita, para esos clientes donde hay que entregarla, y, más importante, no es toda la verdad. Prefiero indicarle al cliente que soy consultor y que ayudo en la parte comercial y de atención a sus clientes. Para el cliente visitado es una sorpresa en positivo y habitualmente reconoce que su proveedor se preocupa por darle la mejor atención.

Durante estas reuniones comerciales de *assessment* aparecen situaciones comerciales a resolver que te consulta el vendedor y poco a poco al dilucidarlas juntos la jornada se va transformando en una sesión de entrenamiento y coaching comercial. Es fácil que esa sesión tenga una vertiente formativa muy importante si el consultor es experto en ventas y no «toca de oído»

La entrevista final del «assessment»

Al final de la jornada nos sentamos en la oficina, o en una cafetería, y analizamos las visitas del día, las competencias y habilidades comerciales de los vendedores, la formación comercial que necesita para mejorar sus resultados, sus aspiraciones en la compañía, y repasamos en qué momento se encuentra. Para la empresa supone una información muy importante y también para el comercial, ya que entiende que desde la misma se preocupan por fidelizarlo y añadir este tipo de acompañamiento a su comunicación diaria, reuniones, etc.

> **Al término de ese día se establece un vínculo muy intenso con los comerciales. Si después hay una formación comercial tendremos mucho avanzado para que sea un éxito y transforme a los equipos.**

El informe de evaluación comercial

En el informe posterior aparecen recomendaciones e ideas para la mejora, así como aportaciones del comercial, que al final del día tiene la suficiente tranquilidad y confianza para verbalizar. Del mismo se extraen ideas de mejora para el equipo, necesidades formativas comerciales y de otra índole, mejoras de procesos y comunicación, y la empresa cuenta con una visión subjetiva –pues la hace una persona–, pero desde un punto de vista de fuera de la empresa y de quien ha visto muchas, que la hace especialmente valiosa para la toma de decisiones y confirmar o desmentir algunas directrices.

El informe baja mucho al detalle de las competencias y actitud, de manera cuantitativa y cualitativa, e incluso incluye comentarios del evaluado, que, si hemos sido capaces de generar el ambiente adecuado, suelen sumar mucho al equipo y a la empresa.

Gráfico de adecuación a competencias comerciales incluidas en el informe.

Preparar la formación comercial

El *assessment* también es una herramienta muy valiosa antes de una formación. Muchas veces pido acompañar a ese vendedor o mando a un intermedio que sea un crack, que tenga muy buenos resultados actitud y proceso, y que esté en resultados y rendimiento medios. Con ello puedo adaptar los contenidos y el nivel de la formación comercial para que todos la aprovechen.

....

El assessment, o evaluación comercial, es una herramienta que nos ayuda a la mejora de procesos comerciales y a dirigir mejor a nuestros equipos.

....

REUNIONES COMERCIALES

L as reuniones comerciales son una herramienta podero- sa para alinear al equipo, motivarlo y establecer estra- tegias. Sin embargo, cuando se gestionan mal pueden ser una pérdida de tiempo.

Cómo hacer reuniones efectivas

1. Prepara una agenda clara: define los temas a tratar y el objetivo de la reunión.

2. Fomenta la participación: da espacio para que todos con- tribuyan.

3. Termina con acciones concretas: cada reunión debe fina- lizar con un plan claro.

Para mí una reunión debe ser ágil y productiva. He vi- vido épocas de coger el coche a las 4:00 h de la mañana y plantarme en Madrid para una reunión corporativa, pasar 2 horas buscando sala, que nunca reservaban como toca, decir cuatro chorradas y de vuelta para Valencia.

El teletrabajo y la vídeo ayudan mucho a no incurrir en ese gasto y esfuerzo inútiles.

Una reunión tiene que tener un motivo, unos asistentes, los mínimos necesarios y un orden del día, una agenda a la que responder y al final un acta.

Todo lo que excede de 20 min ya es una sesión de trabajo, otra cosa.

Otra reunión interesante es la que tienes individualmente con las personas del equipo, bien en acompañamiento comercial o delante de un café. Deben servir para la mejora y aprovechar una buena comunicación y crear un ambiente que favorezca la libertad para que cada uno diga lo que piensa.

Uno de los mejores temas para tus reuniones comerciales es el embudo de ventas.

El «funnel» de ventas

¿Qué porcentaje de tus «prospectos» conviertes en visitas? ¿Cuántas de tus visitas se transforman en ofertas? Y de esas ofertas ,¿cuántas en ventas? Y sobre todo, ¿qué control tienes que te permita garantizar el cumplimiento de tus objetivos sin sufrir cada mes una última semana terrible y además no llegar? En este apartado te mostraré todo lo que necesitas saber sobre el *funnel* de ventas.

El *funnel* de ventas o embudo de ventas es complicado de crear y mantener, sobre todo en lo que se refiere a asignar un porcentaje a las oportunidades, que sea realista y nos permita hacer una buena previsión de ventas.

He visto muchos *funnels* de ventas, y en muchos casos llenos de mentiras, estimaciones que jamás se cumplen, y en ventas las mentiras están prohibidas.

....

Engañarnos a nosotros mismos, hacer
trampas al solitario, no es muy inteligente.

....

Esto te servirá para engañarte o engañar a alguien en una reunión de ventas, pero el final del mes mostrará la realidad –triste, cruda, pertinaz...

Es interesante y necesario tener un criterio que comprenda a toda la empresa, sobre todo Marketing y Ventas. Aquí tenéis una sugerencia que podéis implementar en vuestros archivos de seguimiento o CRM. Para ello tienes que clasificar tus operaciones de venta en curso según el porcentaje de probabilidad de éxito que estimas para el cierre de las mismas.

- 20 %: primera cualificación de la empresa y oportunidad de presentación de la compañía. Casi por ir a verlo lo tienes al 20 %. Has hecho una buena prospección, sabes que es un buen posible cliente para ti y tú uno de los mejores proveedores que puede tener. Te ha concedido una cita. Conociendo lo bueno que eres como vendedor, te mereces ese 20 % –que es casi como no tener nada...

- 40 %: presentación de oferta presencial o videoconferencia a todos los interesados. Sabes que tienes un buen ratio de conversión a venta, más del 65 %, y que lo irás mejorando también, así que ese porcentaje no parece descabellado. Eres bueno en tus visitas, escuchas el 70 % las respuestas de tus preguntas preparadas para ese cliente en concreto, defiendes tu propuesta de valor sin atacar a la competencia y generas confianza. ¡Seguimos!

- 60 %: aceptación de la oferta y sus términos por parte del cliente. Defendida la propuesta, aclaradas las dudas y superadas las objeciones, pasas a la decisión final. El cliente está de acuerdo con lo que le presentas, has hecho cierres parciales y van a decidir. ¡Vamos!

- 80 %: finalista con los decisores. Has podido defender tu propuesta con quien sabes que decide, con todos ellos. Ahora ya no depende de ti. ¡Mentira! Depende de todo lo que has hecho en este camino y si la vendes el mérito es tuyo, y si no el demérito también. Ser exigente contigo te hará mejor cada día. Este embudo de ventas debe ser el reflejo exacto de tu gestión y trabajo comercial.

- 90 %: gestionando documentación –alta y pedido–. Aquí ya tienes un sí, y, si no has dejado cabos sueltos, como la forma de pago –yo no sé por qué a muchos comerciales les supone un obstáculo–, todo terminará bien. Eres tan listo que has hecho un *scoring* financiero con anterioridad, en la fase de prospección, para no llevarte sustos.

  Cuando en una reunión dices o has puesto en tu CRM o Excel, o lo que tengas, un 90 %, la operación nunca debería caerse, ya que la sensación de descontrol que demuestras si se cae no habla bien de tu proceso comercial, y esto no es mentira.

Puedes ajustar estos porcentajes a tus *ratios*. Con el tiempo tu control será exhaustivo y acertado. Trabajé en una empresa, la del logotipo púrpura –busca en mi perfil de LinkedIn, si tienes curiosidad–, y allí sabía que si mantenía 2,5 millones de euros en la parte alta del *funnel* de ventas, en la del 20 %, sí o sí, cumplía mis objetivos de venta mensuales, que entonces andaban sobre los 300.000€.

Es una herramienta fundamental para un vendedor profesional, junto a la de gestión de cartera y la de prospección, que te permitirá tener control y predictibilidad sobre tus ventas y que cada final y principio de mes no sean un drama; ya sabes a qué me refiero.

¡Enhorabuena por el control y el éxito de tus ventas!

ACOMPAÑAMIENTO COMERCIAL LÍDER-COACH

E l acompañamiento comercial consiste en estar presente con tu equipo en el campo, observando, dando *feedback* y ayudándolo a mejorar sus habilidades.

Beneficios del acompañamiento comercial

• Detectas oportunidades de mejora directamente en el entorno de trabajo.

• Refuerzas la relación con tu equipo.

• Incrementas la confianza del cliente al ver un liderazgo comprometido.

Otra de mis conclusiones de estos años es que este acompañamiento es la mejor forma de dirigir un equipo hacia el éxito. Voy a compartir contigo la metodología líder-coach que te ayudará a conseguirlo.

Metodología líder-coach. Transformando equipos comerciales en máquinas de alto rendimiento

En un mundo cada vez más competitivo, liderar equipos comerciales no solo requiere alcanzar objetivos, sino transformar cada interacción en una oportunidad para el crecimiento personal y profesional. Aquí te presento la metodología líder-coach, diseñada para formar líderes capaces de crear equipos comprometidos, enfocados y orientados a resultados.

....

Un líder-coach es más que un gerente; es un mentor, un guía y un ejemplo para su equipo.

....

Este enfoque no busca simplemente enseñar «qué» hacer, sino «cómo» hacerlo y, sobre todo, transformar hábitos para construir un equipo de ventas profesional y metódico. La clave está en comprender que el 80 % del éxito depende del equipo, y la mejor manera de motivarlo es liderando con ejemplo y acompañamiento.

La metodología líder-coach consta de 5 etapas clave, cada una diseñada para desarrollar competencias y maximizar resultados:

1. Planificación: fiabilidad y metodología. Un buen líder no improvisa. La planificación define objetivos claros y estrategias efectivas para alcanzarlos. Este paso establece una base sólida para el acompañamiento del equipo, asegurando que cada acción tenga un propósito y esté alineada con las metas organizacionales.

2. Primer impacto: ganarse el derecho a entrenar. La confianza es la moneda de cambio en cualquier relación líder-equipo. El primer impacto debe reforzar este derecho mediante un plan de mejora personal –PMP–, donde se establecen objetivos concretos, medibles y personalizados. ¿La clave? Explicar siempre el para qué de cada acción, convenciendo en lugar de imponiendo. Es muy importante que la persona a la que vamos a entrenar

esté de acuerdo y entienda perfectamente cómo la queremos ayudar.

3. Entrenamiento: convencer con resultados. El entrenamiento práctico es el corazón de esta metodología. A través de observación positiva se identifican áreas de mejora y se refuerzan las fortalezas. El uso de herramientas como la hoja de observación permite medir cada proceso comercial en etapas específicas, desde la preparación hasta la visita de cierre o desarrollo. Acompañaremos en visita, sea telefónica, vídeo o presencial, o en la tienda si es *retail,* y dejaremos actuar a los colaboradores. Al final de cada visita daremos un pequeño *feedback* basado en la hoja de observación y en preguntas como: «¿cómo te has visto?», «¿qué nos ha faltado?», siempre reforzando lo que se hace bien.

4. *Feedback* y deberes: mejora continua. El *feedback* inmediato es esencial para consolidar aprendizajes. Antes de pasar al siguiente cliente o tarea se revisan los resultados y se plantean planes de acción individuales. Este paso asegura que cada miembro del equipo sepa qué mejorar, cómo hacerlo y cuándo aplicarlo.

5. Revisión y fijación: cambio de hábitos. Para que un cambio sea duradero debe repetirse. Las reuniones periódicas son el espacio ideal para evaluar avances, reforzar buenos hábitos y ajustar estrategias. Aquí la repetición no solo fija comportamientos, sino que también construye la confianza necesaria para abordar nuevos retos.

Un líder-coach debe guiar por los siguientes principios:
- «No tienes que ser el mejor de tu equipo, sino hacer que tu equipo sea el mejor».

- «El éxito de tu equipo depende de tu implicación y ejemplo».
- «La dirección por el ejemplo es más poderosa que cualquier discurso».

Para implementar esta metodología es esencial que los líderes desarrollen las siguientes competencias:
- Habilidades sociales: empatía, capacidad de relación y manejo emocional.
- Planificación estratégica: establecer objetivos y organizar recursos eficientemente.
- Capacidad de coaching: identificar necesidades individuales y ofrecer soluciones personalizadas.
- Motivación y delegación: inspirar y empoderar al equipo.

Herramientas del líder-coach:
- Efecto GROW: *Goal* –objetivo–, *Reality* –situación actual–, *Options* –opciones– y *Will* –plan de acción.
- Hoja de observación: herramienta para evaluar cada interacción comercial.
- Reuniones de seguimiento: espacios para revisión de objetivos, planes de acción y prácticas efectivas.

Hoy en día el éxito comercial no radica solo en la intuición, sino en una gestión profesional que combine metodología, herramientas y liderazgo.

El responsable comercial moderno debe actuar como un motor del negocio, desarrollando habilidades que lo conviertan en un director de orquesta capaz de armonizar las competencias individuales de su equipo en una sinfonía de resultados.

....

La metodología líder-coach no solo transforma equipos comerciales, sino que redefine el concepto de liderazgo.

....

Implementar este enfoque garantiza ventas exitosas y un equipo comprometido y en constante crecimiento. Recuerda: el verdadero triunfo no es individual, sino colectivo, ¡el equipo siempre gana!

EPÍLOGO

Ayer estuve en una cena de la Tuna de Derecho de Valencia donde se homenajeaba a mi padre fallecido hace casi 10 años. Creo que por eso hoy ando algo melancólico. El caso es que ayer me encontré con un montón de personas que celebraban la vida y que se reúnen a cantar, beber y celebrar que están y son amigos, y los hay desde los 30 a los 85 años.

La verdad es que me provocó envidia, de la más sana que puede haber, el que estos profesionales del Derecho, músicos, cada uno con su vida, problemas y anhelos, olvidaran todo por unas horas para celebrar la vida, la hermandad, la alegría, y además fueron tremendamente cariñosos con mi hermana y conmigo, que fuimos a representar y recordar a mi padre. Al final te planteas qué es lo importante de la vida.

Hace poco escuché en una conferencia muy interesante que hay un estudio de la Universidad de Harvard, a cargo de Robert Waldinger, sobre personas durante y al final de su vida preguntando qué es lo que más les ha gratificado.

La conclusión principal es que lo que «te llevas» es la cantidad de relaciones sociales que has tenido, y después la calidad de las mismas.

Al final, la vida son momentos con personas.

Creo que es el pilar fundamental y lo que te da fuerza, soporte, referencia, es la familia. Cualquier tipo de familia, incluso la que no tiene vínculos de sangre pero estimas como tal. Hay amigos a los que consideras hermanos o que hacen el papel de padre o madre.

Los valores y las creencias son los pilares sobre los que construyes tu visión de la vida y cómo tomarte lo que te llega. Tengo un buen amigo que dice muchas veces «la vida es un 20 % lo que te pasa y un 80 % cómo te lo tomas y te afecta», y creo que tiene mucha razón. También pienso que cuando te vienes a pasear unos años por la vida te dan unas cartas, a veces marcadas, pero es cosa tuya cómo las juegas.

El amor no está de más, y si lo tienes endulza mucho todo lo demás. No está al alcance de todos y si no lo tienes piensa que «solo es el 20 %» y se puede remediar. Ayer había por allí viudos, separados, recasados, y muchas ganas de vivir la vida.

Tienes que sentir amor por ti mismo para después poder compartirlo con otra persona, y ojalá que te devuelva una parte.

En cuanto a la salud, me he cruzado con personas que ante una grave enfermedad se han crecido y han encontrado un motivo más de lucha, y otras hundidas ante un pequeño revés. No es criticable, ya que la resistencia de las personas no es la misma ni los momentos tampoco.

Y el trabajo como parte importante de la vida, en número de horas y alegrías o disgustos que te puede proporcionar, es al final un microcosmos de personas y relaciones muy interesante de analizar, que es lo que hago cuando hablo de ventas o dirección de personas.

Si tienes un trabajo que te gusta no trabajarás nunca, y si le añades pasión lo disfrutarás y tendrás los mejores resultados.

Las aficiones constituyen una vía de escape, disfrutar de tu familia, del deporte, de las motos, del fútbol, de la música, de no hacer nada, de escribir, viajar, leer este libro. Un tiempo –el valor más preciado– para ti o para compartir con quien quieras. Gracias por compartirlo ahora conmigo. Pero al final la actitud es «la madre del cordero», lo que define cómo vas a llevar todo lo que te pase por aquí. La vida es una maravilla, si queremos. Hablo desde mi experiencia al decir que me ha encantado conocer a tantas personas en mi vida comercial y personal; vida solo hay una. Empezar a dirigir equipos con 30 años y sin saber casi nada me enseñó mucho, lógicamente equivocándome, pero siempre con muy buena intención.

Creo que antes de juzgar a una persona hay que estar seguro de sus intenciones. Lo verdaderamente malo ocurre cuando las intenciones también lo son. También a veces somos nuestro peor enemigo y quien peor nos trata. Tienes que educar a tu voz interior a que te ayude en lugar de hundirte.

En unos años te habrás hecho mayor y tendrás algún achaque; ojalá que solo sea eso, ya que a todos nos ha tocado trabajar con preocupaciones de la salud propia o la de nuestro allegados, y a veces haciendo «de tripas corazón» y con tu mejor sonrisa. Y mirarás atrás y valorarás sobre todo a las personas con las que has compartido momentos y vivencias. Eso es lo que te llevas, y la profesión comercial y la de dirigir personas te da muchas oportunidades.

A día de hoy sigo compaginando las ventas y la dirección comercial en Alberta Norweg con la formación en vasavender, y creo que estoy más contento que nunca. Enseñar un oficio que conoces bien es muy interesante, y por mucho que te entregues siempre recibes más; siempre digo que lo hago por egoísmo, y es verdad. El agradecimiento sincero, hacer crecer a otros es muy reconfortante.

Disfruta.

BIBLIOGRAFÍA

- Ziglar, Zig. *Ventas*. Editorial Norma, 1985.
- Goleman, Daniel. *Inteligencia emocional*. Editorial Kairós, 1996.
- Barajas, Víctor. *El método Kowalski*. Editorial Empresa Activa, 2016.
- Pérez de Madrid, Felipe. *Vas a vender*. NPQ Editores 2018.
- Rosenberg, Merrick & Silvert, Daniel. *Alza el vuelo*. Editorial Empresa Activa, 2015.
- Marston, William Moulton. *Emotions of Normal People*. Harcourt, Brace & Company, 1928.
- Epicteto. *El arte de vivir en tiempos difíciles*. Editorial Alianza, 2004. (Edición moderna basada en el Enquiridión y las Disertaciones)
- Marco Aurelio. *Meditaciones*. Editorial Gredos, 2010. (Texto original siglo II d. C.; edición crítica moderna)
- Frankl, Viktor E. *El hombre en busca de sentido*. Editorial Herder, 1946.
- Peiró, Rafa. *Inteligencia temperamental*. Editorial Plataforma Editorial, 2021.
- Gan Pampols, Francisco. *El arte de msandar bien*. Editorial Deusto, 2022.
- Giacomini, Diego. *La revolución de la libertad*. Editorial Galerna, 2019.
- Belfort, Jordan. *El método del lobo de Wall Street*. Editorial Conecta, 2017.

- Covey, Stephen R. *Los 7 hábitos de la gente altamente efectiva*. Editorial Paidós, 1989.

- Johnson, Spencer. *¿Quién se ha llevado mi queso?* Editorial Empresa Activa, 1998.

- Rackham, Neil. *SPIN Selling*. Editorial McGraw-Hill, 1988.

- Maty Tchey Arqueros de la Palabra. *El arte de comunicar*. Pirámide 2019.